イラスト版 コミュニ★ケーション図鑑

子どもコミュニケーション研究会［編］

子どもの「話す力」「聞く力」がぐんぐんのびる本

合同出版

この本を読むみなさんへ

あなたは、コミュニケーションに自信がありますか？

「はじめての人と話すとき、すっごく緊張する……」
「人の話をちゃんと聞けって言うけど……」
「イヤなことたのまれたけど、イヤって言えない……」
「みんなの前でカッコウよく発表したいな……」

コミュニケーションで悩む場面ってあんがいあります。
この本では、あなたがコミュニケーションに困ったときに役立つ、
ちょっとしたコツやヒントが紹介されています。
恥ずかしがらず、恐れず、どんどん試してみてください。

じょうずなコミュニケーションは、自然に身につくものではありません。
練習を重ね、ひとつひとつ身につけていくものです。
でも、そうすれば必ずコミュニケーションに自信が持てるようになります。

あなたがこの本で身につけたコミュニケーション・スキルは、
きっとこれから出会うさまざまな場面で、役立ちます。

●保護者・教師の方々へ
　この本は、コミュニケーションが上手になるスキルを、イラストを使って解説しています。子どもにとって身近な場面で構成しているため、わかりやすく気軽に実践できるようになっています。
　話し方、聞き方を学び、経験を積み重ねていけば、子どもは自分のよさを発揮して、ぐんぐんコミュニケーション力を高めていきます。それは子どもの大きな自信となっていきます。
　失敗することもたくさんあるでしょう。悩んだり、落ち込んだりすることもあるでしょう。私たちは、そんな子どもをしっかり見守り、応援していきましょう。もしひとりで解決できない壁にぶつかったら、しっかり受け止め、手を差し伸べてあげましょう。
　コミュニケーションを通じて、子どもが大きく成長していくために、この本が役に立つことを願っています。

子どもコミュニケーション研究会

もくじ

この本を読むみなさんへ……………………………… 3
この本の使い方………………………………………… 8

1 話す力 編

話す力のトレーニングをはじめる前に………………… 12

きっかけをつくるトレーニング

1 知っている人にあったとき………………………… 14
2 話しかけるきっかけをつかみたいとき…………… 16
3 はじめての人と話すとき…………………………… 18
4 だれかと友だちになりたいとき…………………… 20
5 仲直りしたいとき…………………………………… 22

気持ちを表現するトレーニング

6 相手の気持ちを知りたいとき……………………… 24
7 「ビミョ〜」って答えたくなっちゃうとき……… 26
8 うれしいとき♪……………………………………… 28
9 なんだかモヤモヤしているとき…………………… 30
10 からかわれてヘコんだとき………………………… 32
11 仲がいい子にからまれたとき……………………… 34
12 みんなに合わせるのが苦しくなったとき………… 36
13 シカトする側になっちゃったとき………………… 38
14 キレそうなとき……………………………………… 40
15 どうせ自分なんて…と思ったとき………………… 42

わかりやすく話すトレーニング

16 見た目や雰囲気を伝えたいとき…………………… 44
17 わかりやすく説明したいとき……………………… 46
18 「大きい」をわかりやすく言いたいとき………… 48
19 「思いちがいしてるかな?」と思ったとき……… 50
20 整理して伝えたいとき……………………………… 52
21 ややこしいことを説明するとき…………………… 54
22 相手にわかりやすく伝えたいとき………………… 56
23 道案内するとき……………………………………… 58

考えをまとめて話すトレーニング

24 「どうしたいのか」わからなくなったとき……… 60
25 「どうしたいのか」決められないとき…………… 62
26 誤解されちゃったとき……………………………… 64
27 自分の言っていることをみとめてもらいたいとき… 66
28 ケンカを解決したいとき…………………………… 68
29 ヤバイ! って思ったとき………………………… 70
30 「怒られる」って思ったとき……………………… 72
31 だれかと交渉したいとき…………………………… 74

32	「どうだった？」と聞かれて困ったとき ……………… 76	受け答えが
33	「聞いてる？」と言われちゃったとき ……………… 78	うまくなる
34	話しやすい人と思われたいとき ……………… 80	トレーニング
35	友だちをなぐさめたいとき ……………… 82	
36	説明がわからないとき ……………… 84	
37	どう質問したらいいかわからないとき ……………… 86	
38	シャレで言い返したいとき ……………… 88	
39	断られてへこんだとき ……………… 90	
40	るす番していて電話がかかってきたとき ……………… 92	

41	だれかにていねいに言うとき ……………… 94	ていねいに
42	お願いするとき ……………… 96	感じよく話す
43	言いにくいことを言うとき ……………… 98	トレーニング
44	感じよく言いたいとき ……………… 100	

5W1Hトレーニング からだやケガのぐあいを説明しよう ……… 102

2 聞く力 編

45	話の聞き方にもいろいろある ……………… 104	人の話を
46	人の話をじょうずに聞くには… ……………… 106	じょうずに
47	落ち込んでいる友だちの話を聞くには… ……………… 108	聞こう
48	悩んでいる友だちの話を聞くには… ……………… 110	
49	泣いている友だちの話を聞くには… ……………… 112	
50	イライラしている友だちの話を聞くには… ……………… 114	
51	いじめにあっている友だちの話を聞くには… ……………… 116	
52	友だちを元気づけてあげるには… ……………… 118	
53	そうですね！ ……………… 120	
54	インタビューをしてみよう ……………… 122	
55	キングとクイーンのマジックチェア ……………… 124	
56	あなたは、ワンダフル！ ……………… 126	
57	ありがとうカード ……………… 128	

お口のトレーニング 早口ことばで遊ぼう ……………… 131

58	話し方にもいろいろある ……………… 132	自分の気持ち
59	じょうずにあいさつをするには… ……………… 134	をじょうずに
60	「ありがとう」をじょうずに言うには… ……………… 136	伝えよう
61	「ごめんなさい」をじょうずに言うには… ……………… 138	
62	初対面の人ときちんと話すには… ……………… 140	
63	目上の人ときちんと話すには… ……………… 142	
64	自分の考えをじょうずに伝えるには… ……………… 144	
65	仲間に入りたいときは… ……………… 146	
66	友だちの本が借りたいときは… ……………… 148	

67	大事な物を貸してとたのまれたら…	150
68	悪いさそいを断るには… 中学生	152
69	友だちにいやなことを言われたら…	154
70	「悪口を言われてるよ」と教えられたら…	156
71	友だちが約束をやぶったら…	158
72	友だちと意見がぶつかったら…	160
73	ケンカをした友だちと仲直りをするには… 小学生	162
74	ケンカをした友だちと仲直りをするには… 中学生	164
75	友だちに乱暴されたら… 小学生	166
76	友だちに乱暴されたら… 中学生	168
77	お話聞いて！	170
78	友だちをつくろう！	172
79	クラスのみんなと仲よくなろう	174

ほめるトレーニング ほめるスペシャリストになろう …………… 177

自分で考えよう・みんなで考えよう

80	自分のもめごとを解決するには… 小学生	178
81	自分のもめごとを解決するには… 中学生	180
82	クラスのもめごとを解決するには… 小学生	182
83	クラスのもめごとを解決するには… 中学生	184
84	友だちのケンカをとめるには… 小学生	186
85	友だちのケンカをとめるには… 中学生	188
86	友だちに注意をするには… 小学生	190
87	友だちに注意をするには… 中学生	192
88	友だちがとつぜん暴れだしたら… 小学生	194
89	友だちがとつぜん暴れだしたら… 中学生	196
90	いじめを見たら… 小学生	198
91	いじめを見たら… 中学生	200
92	不登校の友だちがいたら… 小学生	202
93	不登校の友だちがいたら… 中学生	204

YES・NO ゲーム みんなで楽しく意見を言おう ……………… 206

3 話し合う力 編

自信を持てるようになるワーク

94	自分のよいところを 10 個見つけよう	208
95	友だちに自分のよいところを見つけてもらおう	210
96	自分が支えられて生きていることに気づこう	212
97	自分が人の役に立った体験を思い出そう	214
98	自分の短所を長所に変えてみよう	216
99	1 カ月後、3 年後、10 年後の目標を立てよう	218

友だちの話を聞こう

| 100 | 話しやすい人と思われよう | 220 |
| 101 | 聞き上手になろう | 222 |

102	相手の伝えたいことを正確に聞こう	224
103	感想を話せるように聞こう	226
104	相手が伝えたいことを引き出す質問をしよう	228
105	相手のほんとうに伝えたいことや気持ちを読み取ろう	230
106	気づいたり考えが変わったりしたら相手に伝えよう	232
107	意見を否定されたときの立ち直り方を身につけよう	234

自分の考えを話そう

108	まずは声を出してみよう	236
109	聞き手がわかりやすく聞き取りやすい工夫をしよう	238
110	話題を選んで印象に残る自己紹介をしよう	240
111	聞いてほしいという気持ちを態度で示そう	242
112	自分の考えをまとめておこう	244
113	効果的な資料を用意しよう	246
114	勇気を出して自分の意見を言おう	248
115	表情や身ぶり、手ぶりなどを加えよう	250
116	言いにくいことを言うときは工夫してみよう	252
117	悩みを打ち明けよう	254

友だちとの対話を深めよう

118	やり取りがはずむ工夫をしよう	256
119	「少し考えさせてください」「時間をください」も立派な対話	258
120	わかってもらえなかったらもう一度言い直そう	260
121	友だちからの質問や反対意見に答えよう	262
122	賛成・反対に意見をつけ足そう	264
123	意見の対立を解決する方法を身につけよう	266
124	意見を否定されたときはもう一度説得しよう	268
125	対立する意見から新しい意見を生み出そう	270
126	話し合いを整理してまとめよう	272

対話力を高めるワーク

127	アイスブレーキングで初対面の人とうちとけよう	274
128	ネイチャーゲームで自発的な対話を楽しもう	276
129	プロジェクトアドベンチャーで対話の重要性を体験しよう	278
130	ことばを使わないコミュニケーション	280
131	スピーチに挑戦しよう	282
132	とっておきの話をしよう	284
133	インタビューしよう	286
134	ブレインストーミングを楽しもう	288
135	アイデアをランキングしよう	290
136	グループプレゼンテーションをしてみよう	292

執筆者紹介	294
参考文献	295

この本の使い方

この図鑑は、「話す力」→「聞く力」→「話し合う力」の順番で、よくあるコミュニケーションの場面を取り上げました。
人と話すとき、人の話を聞くとき、これだけは身につけてほしいコミュニケーションスキルをイラストを使ってわかりやすく紹介しています。
あなたが興味を持った場面や、何て言ってよいかよく悩む場面から、コミュニケーションのトレーニングをしてみましょう。

1 話す力 編

話す・聞くスキル
あなたがコミュニケーションで困ったときに使える、具体的な方法やルールを説明しています。いろいろな場面を想定して、練習してみましょう。

こんなとき何て言う？
こんなときどう言うか、困ったことはありませんか？ よくある場面をたくさん集めました。

アドバイス
コミュニケーションで困ったときにどう考えて表現すればいいのかを説明しています。アドバイスを参考にして、あなた自身の言葉でどう話せばいいのか考えてみましょう。

ワークと鉛筆マーク
コミュニケーション・スキルをアップするワークです。指示に従って、ワークシートに記入したり、トレーニングやゲームに取り組んだりしてみましょう。くりかえし何度もやると力がついていきます。

ポイント
コミュニケーションのルール・ワークのポイントを解説しています。とくに注意して取り組んでみましょう。

トレーニングのページ
「5W1H」「お口（早口）」「ほめる」「YES・NOゲーム」という4つのトレーニングを紹介しています。
すぐにできて面白いトレーニングなので、何度も挑戦してみましょう。

ワークシートのページ
自分や友だちを理解するためのワークシートです。各ページの「ワークシートの使い方」を読んで、いろんなワークに積極的に取り組んでみましょう。

2 聞く力 編

こんなとき何て言う?
こんなときどう言うか、身につけてほしいコミュニケーションの課題です。あなたの実際の体験に当てはめて練習しましょう。

アドバイス
相手の立場に立って、話したり聞いたりするポイントを説明しています。実際に、友だちや先生、家族と、どうコミュニケーションをとればよいか考えてみましょう。

話す・聞くスキル
あなたがコミュニケーションに困ったときに使える、具体的な方法やルールを提案しています。イラストを見ながら、相手がどんなことを考えているのか、どんなことばをかければいいのか考えてみましょう。

ポイント
台詞を読むだけではなく、ポイントを参考にして、実際に会話の練習をしてみましょう。

グループワークのページ
友だちやクラスで行なうコミュニケーション・ゲームを紹介しています。「ねらい」に書かれたことを身につけるのが目的です。先生や保護者といっしょに行ないましょう。

3 話し合う力 編

こんなとき何て言う?
こんなときどう言うか、身につけてほしいコミュニケーションの課題です。あなたの実際の体験に当てはめて練習しましょう。

話す・聞くスキル
あなたがコミュニケーションに困ったときに使える、具体的な方法やルールを提案しています。イラストを見ながら、自信を持って話す方法をマスターしましょう。

ヒント
あなたがコミュニケーションに困ったときに、どのような態度で話し合いに取り組むことが大事かまとめています。相手のことを考えながら、自分の意見もしっかりと伝えられるスキルを身につけましょう。

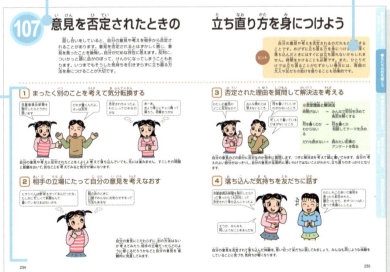

1 話す力編

話す力のトレーニングをはじめる前に

　自分の気持ちや考えを、自分のことばで表現するには、まず、自分が自分の気持ちに気づいてあげることがスタートなんだ。

　それは、自分が何を考えているか、何を言いたいかをわかっていなければ、どんなに話し方のコツをおぼえても、人とコミュニケーションをとっていることにはならないからだよ。

　自分の思っていること、考えていることをごまかさないで、相手の気持ちを考えながらわかりやすく伝えることができる人になろう。

　はじめは、勇気がいるかもしれない。うまくいかないかもしれない。でも、失敗することをこわがらないで、勇気を出してやってみよう！

ワーク 「自分チェックシート」で、自分の気持ちを知ることからはじめよう！

チェック1　今の自分

これまでの自分はどうだった？　今はどうかな？　自由に書き出してみよう。

　　　◎ワクワクすることは、なぁに？
　　　◎やっていて楽しいことは、なぁに？
　　　◎どんなときに、うれしくなる？
　　　◎好きなにおいは、どんなにおい？
　　　◎好きな味は、どんな味？
　　　◎好きな音は、どんな音？
　　　◎大好きな場所は、どこ？
　　　◎大好きな人は、だぁれ？
　　　◎大切な人は、だぁれ？
　　　◎楽しかった体験は、なぁに？
　　　◎自分の好きなところは、どこ？
　　　◎自分のこと自慢するとしたら、どこ？

チェック2　これからの自分

将来、自分がどうなっていたらいいと思う？　どんなことでもいいからこうなっていたらいいなあ、ということを自由に書き出してみよう。

　　　◎どこに住む？
　　　◎どんな人がまわりにいる？
　　　◎どんな遊びをしている？
　　　◎どんな仕事をしていたい？
　　　◎どんな服を着ている？
　　　◎どんな音楽が流れている？
　　　◎どんな人とお友だち？
　　　◎何を手に入れていたい？
　　　◎どんな人って思われていたい？
　　　◎まわりの人に何をしてあげたい？
　　　◎何に感謝していると思う？
　　　◎どうなっていたら幸せ、って思う？

1 知っている人にあったとき

学校からの帰り道に、よく近所の人が
「おかえり」って言ってくれる。
でも、何てあいさつすればいいのかな？

　家に帰ってきたわけではないから、「ただいま」と言うのはおかしいし、「おかえり」と言われて「こんにちは」だとへんだし……なんて考えてしまったのではないかな？
　「おかえり」と声をかけてくれた近所の人は、きっと学校から帰ってきたじぶんの子どもと同じように、迎えてくれたんだね。
　だから、「ただいま」でもいいし、「こんにちは」でもいいし、「お元気ですか？」でもどんなことばでもいい。おじぎやニッコリ笑顔だけでもいいんだよ。
　大事なのは、人と人とがことばをかわし合ったり、心を通わせあったりすること。気持ちよくくらすために、あいさつってとっても大切なんだね。

ワーク1　こんなときには、どんなあいさつをしているかな？

1. 外に出かけるときには？
2. 家に帰ってきたときには？
3. 家族が帰ってきたときには？
4. ごはんを食べる前には？
5. ごはんを食べ終わったら？
6. お客さまが、家にいらしたときには？
7. はじめて会った人には？
8. お客さまが、お帰りになるときには？
9. 友だちの家に上がるときは？
10. 友だちの家を出てくるときには？
11. 職員室に入っていくときには？
12. 職員室から出てくるときには？

★あいさつの例★

1. いってきます／2. ただいま／3. おかえりなさい／4. いただきます／5. ごちそうさまでした／6. いらっしゃいませ／7. はじめまして／8. またきてください／9. おじゃまします／10. おじゃましました／11. しつれいします／12. しつれいしました

ワーク2　昨日、だれにどんなあいさつしたかな？　書き出してみよう。

	だれに	あいさつ
例）朝	（お父さん、お母さん、先生）	（おはよう、おはようございます）
・昼	（　　　　　　　　　）	（　　　　　　　　　）
・夜	（　　　　　　　　　）	（　　　　　　　　　）
・寝る前	（　　　　　　　　　）	（　　　　　　　　　）
・人と別れるとき	（　　　　　　　　　）	（　　　　　　　　　）
・帰ってきたとき	（　　　　　　　　　）	（　　　　　　　　　）
・お礼を言うとき	（　　　　　　　　　）	（　　　　　　　　　）
・食事の前	（　　　　　　　　　）	（　　　　　　　　　）
・食べ終わったとき	（　　　　　　　　　）	（　　　　　　　　　）
・あやまるとき	（　　　　　　　　　）	（　　　　　　　　　）

2 話しかけるきっかけをつかみたいとき

お母さんにたのまれて、八百屋にダイコンを買いに行った。でも、八百屋のおじさん、いそがしそうでなかなかこっちを見てくれないよ。何て声をかけたらいいのかな？

　人に何かをたずねたり、だれかに話しかけたりするときのきっかけのことばをおぼえておこう。
　そのまま、「ダイコンください」でもいいけど、ちょっとしたことば＝"クッションことば"をつけたして、
「すみません。ダイコンください!!」
って言ったほうが、やわらかい感じがすると思わない？
　"クッションことば"は、友だちや先生、家族に声をかけるときにも使える。たのみごとをしたり、言いづらいことを言ったりするときにも、使ってみよう。おたがいの気持ちがやわらかくなって、言ったほうも言われたほうも、両方とも気分がよくなることばだよ。

ワーク1　クッションことばを、アミダで楽しくマスターしよう。

■ だれかにものをたずねるとき

横線を自由に入れて、たどりついたクッションことばを声に出して言ってみよう。

- 悪いのですが……
- おそれいりますが……
- 申しわけありませんが……
- お忙しいところすみません……
- ちょっとお聞きしますが……
- ちょっとおうかがいしますが……
- お願いします……
- すみませんが……

❗ 外で、トイレの場所を聞きたいときや、おまわりさんに道を聞きたいときなど知らない人にも使えるよ！

❗ ちょっとしたことばをつけくわえるだけで、相手の受け取り方はずいぶん変わってくる。クッションことばは、気持ちよくコミュニケーションするコツだよ！

ワーク2　友だちや家族にも、クッションことばを使ってみよう。

■ ちょっと何かをたのむとき

- ごめ〜ん、悪いんだけど、できたら○○○○してくれる？
- 悪い！　たのまれてくれる？
- あとでもいいんだけど……
- お願い！
- やってほしいことがあるの。
- ○○してください。
- お願いがあるんだけど…
- 今、いい？
- あのー、いいですか？
- ちょっといいですか？

● きっかけをつくるトレーニング
● 気持ちを表現するトレーニング
● わかりやすく話すトレーニング
● 考えをまとめて話すトレーニング
● 受け答えがうまくなるトレーニング
● ていねいに感じよく話すトレーニング

3 はじめての人と話すとき

はじめて会う人と、どんなふうに話したらいいか
わからない。すごくキンチョーしちゃうんだ。
もうたのむから、話しかけないでくれ！

一度も話したことのない人に話しかけるとき、ドキドキする。たぶん、ほとんどの人がそうだよ。

だけど、ドキドキを乗りこえて、勇気をふりしぼって話してみると、なれてくるものなんだ。

二度三度と、何度かチャレンジするうちに、ドキドキは少なくなってラクになるよ。だから、ふだんからいろんな人と話してみよう。

だってさ、もしかしたら迷子になったり、だれかに話しかけて道を聞かきゃならないときがあるかもしれないもんね。

自分はできないと心に壁をつくらないで、どんどんいろんな人と話してみようよ！

ワーク1　キミはだれと話ができる？　□にチェックしてね！

例) ☑ お父さん、お母さん、きょうだい

□ おじいさん、おばあさん、おじさん、おばさん

□ 仲よしの友だち

□ 担任の先生、校長先生、保健室の先生

□ おけいこの先生、塾の先生

□ お父さん、お母さんの友だち

□ きょうだいの友だち

□ あまり話したことのない友だち

□ お父さん、お母さんの会社の人

□ 友だちのお母さん、お父さん

□ コンビニ・スーパーの店員さん

□ おまわりさん

□ 近所の人

□ 駅員さん

□ 病院の先生・看護師さん

□ 図書館の人

ワーク2　キミはちゃんと言えるかな？

□ 友だちの話や学校であったこと

□ 遊びにさそうこと

□ 勉強でわからないところをたずねること

□ からだの具合が悪いこと

□ 道をたずねること

□ 塾や習いごとを休むという連絡

□ 乗ろうとしている電車が、自分の行きたい駅に行くかたずねること

4 だれかと友だちになりたいとき

今日から新学期。新しいクラスになった。
友だち、ほしいなぁ。
どうやって話しかけたらいいのかな？

　友だちがほしいとき、あなたならどうする？　だれかに話しかけられるのを、待ってる？　それもありかもしれないね。
　でも、ちょっと勇気を出して自分から話しかけてみようよ。
「そのシャーペン、かわいいね。どこで買ったの？」
「テレビ番組は、何が好き？」
　聞いたら、今度は自分のことも話してみよう。興味があることなら、きっと相手の子も話したくなるよ。
　そして、友だちづくりに大切なのはひと目見たときのその人の印象。ニコニコしたり、明るい感じの人って話しかけやすいと思わない？　だから、話しかけられやすい人になることも大切だよ。

ワーク 1 きっかけのことばを考えてみよう。

■ 持ち物など、身近なことを話題にしよう。
　例）そのシャーペン、かわいいね。どこで買ったの？　そのスニーカーどこで売ってた？
　・
　・

■ 共通のことをさがす質問をつくろう。
　例）どこに住んでるの？　どんなマンガが好きなの？
　・
　・

■ 自分のことを話してみる。
　例）○○が好き。今○○をやってる。
　・
　・

■ ○○しよう、とさそう。
　例）「今日遊べる？」「いっしょに帰らない？」「○○しない？」
　・
　・

ワーク 2 こんなとき、キミなら何て言う？

・仲間に入れてほしいとき

・遠足でおべんとうをいっしょに食べたいとき

・いっしょに帰りたいとき

・いっしょにプールに行きたいとき

・いっしょに買い物に行きたいとき

5 仲直りしたいとき

ケンカした友だちと、仲直りしたい。
なんて言ったらいいのかな。

仲直りしたい！と思っても、なかなかできないことって多い。ムシされたらこわいし、テレくさいし、きっかけがつかめない。

大人でも、同じ。お父さんとお母さんがケンカしたときだって、仲直りはむずかしいんだ。

そこで、とっておきの「仲直りのきっかけづくり作戦」を紹介するよ。

その❶　笑顔作戦
その❷　がんばって自分からあやまる作戦
その❸　手紙・メール作戦
その❹　ほかの人にきっかけをつくってもらう作戦
その❺　時間をおく作戦

さぁ、仲直りしたいと思っている人がいたら、作戦開始だ！

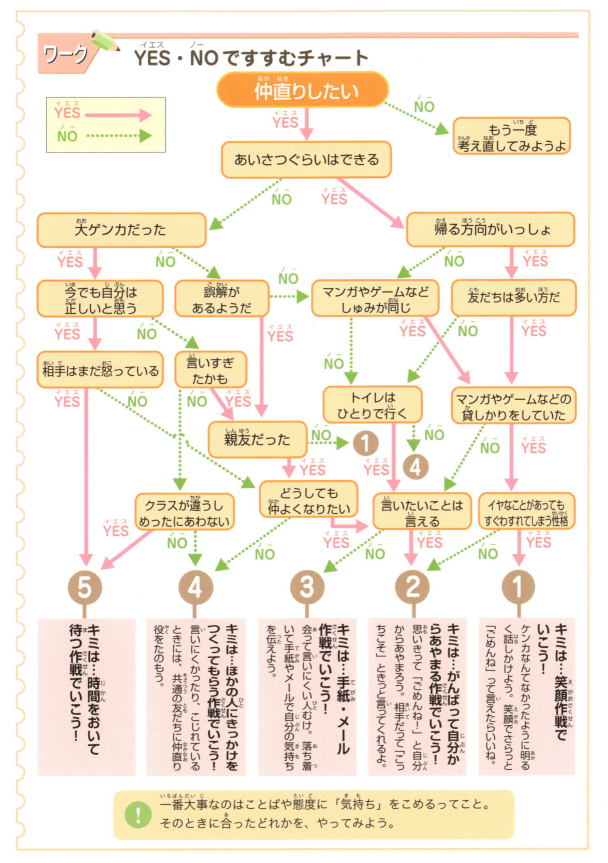

6 相手の気持ちを知りたいとき

お母さんの眉間（眉と眉の間）にシワが!!
フキツな予感……。
オレ、何か悪いことをしたかなぁ～!?

　コミュニケーションで大切なのは、相手の気持ちを考えることなんだ。その人が、今どんな気持ちなのか、うれしいか、悲しいか、さびしいか……。相手の気持ちに合わせて、ことばのかけ方はかわってくる。フキツな予感がするときには、「ねぇ、ゲームソフト買って！」なんて言わないこと。
　相手の気持ちを知るには、顔の表情や声の調子、しぐさで相手の気持ちを判断するんだ。でも、ときどき、悲しい気持ちで笑っていることもあるし、うれしくてもこわい顔をしている人もいるよね。
　「自分が○○だったらどう思うかな？」って想像力をはたらかせることが必要だ。

この子の気持ちを考えてみよう。

◎この子は、どんな気持ちだと思う？
・どうしてわかるの？
・あなただったら、どうされたらこんな気持ちになる？

◎この子は、どんな気持ちだと思う？
・どうしてわかるの？
・あなただったら、どうされたらこんな気持ちになる？

◎この子は、どんな気持ちだと思う？
・どうしてわかるの？
・あなただったら、どうされたらこんな気持ちになる？

◎この子は、どんな気持ちだと思う？
・どうしてわかるの？
・あなただったら、どうされたらこんな気持ちになる？

 キミのまわりの人の気持ちについて、考えてみよう。

〔その人の名前〕

どんな気持ちだと思う？

〔その人の名前〕

どんな気持ちだと思う？

7 「ビミョ〜」って答えたくなっちゃうとき

社会科見学から帰ってきて「楽しかった？」って聞かれるのが、困る。「ビミョ〜」なんだよね。

　どう話してよいかわからないときってあるよね。親にわざわざ言いたくない気持ちもあるかもしれない。説明するのがめんどうってこともあるよね。

　だけど、すこしでいいから「じぶんが感じたこと」をことばにしてみようよ。たいていは、いいことと悪いことがまざっているから、「ビミョ〜」という表現になっちゃうんじゃないかな。「楽しかった」と「つまんなかった」が両方あるのかもしれないね。

　ひとことで表さなくてもいいんだ。「○○が楽しかった」「△△は好きではなかった」と分けて言うのもアリだよ。

ワーク1 心の中をのぞいて、気持ちを表してみよう。

①自分の気持ちはどのへんかな？ ◯ を書いてみよう。
②楽しかったことは何かな？ つまらなかったことは何かな？
　思い出して書いてみよう。

例）社会科見学

① ←——— 楽しかった　　つまらなかった ———→

自分の気持ち

② ・ベルトコンベアが
　　おもしろかった
　・ジュースを飲ませて
　　もらえた
　・お菓子交換
　・バスの中で歌った歌

・ふざけていたら、
　先生に怒られた
・たくさん歩いた
　のでつかれた

ワーク2 家族で出かけたことや、学校で運動会、学芸会、遠足があったときのことを思い出して、ワーク1のように気持ちを表してみよう。

←——— 楽しかった　　つまらなかった ———→

❗自分の気持ちはどのあたり？

8 うれしいとき♪

　　帰りの会で、私のことで男子がウソをついた。
Mちゃんが「それはちがいます」とかばってくれた。
　　　　　　うれしかった。

うれしい♪
　でもさ、心の中だけで「うれしかった、ありがとう……」と思っていても、だまっていたら、相手にはわからないよ。ことばで伝えないと。「わかってくれているだろう」なんて、キミだけが思っていることかもしれないよ。
　「うれしかった。ありがとう」と声に出してみようよ。てれくさいときもあるよね。でも、自分がそう言ってもらえたら、うれしいと思わない？
　うれしい気持ちを伝えると、相手にも伝染してうれしいが２倍になるからためしてみて。

ワーク　キミはどんなふうに「ありがとう！」の気持ちを表すかな？

◎好きな伝え方を選んで、いくつでもいいから○をつけてね。

あくしゅ　　　笑顔　　　ハイタッチ

手紙　　　おじぎ　　　ピースの合図　　　メール

★ いろんな「ありがとう」があるよ！ ★

「おおきに」（関西弁）　　　　　　「ありがとさん」（大阪弁）
「すまんのう」（広島弁）　　　　　「だんだん」（鳥取弁）
「あいがとしゃげもした」（鹿児島弁）「にふぇーでーびる」（沖縄弁）
「ありがとごしてす」（青森弁）　　　「あんがとの」（新潟弁）
「どんも、おぎいなぁ」（秋田弁）　　「いやいらぃけれ」（アイヌ語）
「サンキュー」（英語）　　　　　　「メルシー」（フランス語）
「グラッチェ」（イタリア語）　　　「ダンケ」（ドイツ語）
「グラシアス」（スペイン語）　　　「カムサハムニダ」（韓国語）
「シェイシェイ」（中国語）　　　　「カムオン」（ベトナム語）
「バイルラー」（モンゴル語）　　　「タック」（スウェーデン語）
「キートス」（フィンランド語）　　「スパシィーバ」（ロシア語）
「ダニャワード」（ヒンディー語）　「オブリガード」（ポルトガル語）

9 なんだかモヤモヤしているとき

**なんかよくわかんないんだけど、
なんだか今日は、モヤモヤしてる。**

　モヤモヤしてて、自分の気持ちがわからないときって、あるよね。こころにはいろんな感情がつめこまれている。だから、ひとことで表そうとするところにむりがあるんだ。そんな"ちらかった心の中=モヤモヤ"を整理してみると、気づかなかった自分の気持ちも見えてくるよ。
　"クモのすウェブ"っていう便利な方法を使って、自分の心の中を整理してみよう。

ワーク　モヤモヤした気持ちを紙に書き出し頭の中を整理しよう。

■「クモのすウェブ」の書き方

①まずはじめに紙のまん中に、○を書いてそのなかにテーマを書く。
頭の中にうかんだことを、単語でも気持ちでもいいので紙に書き出してみよう。

②書いたことばから、またつぎにうかんだことばを線でつないで書いていく。

! 思いついたことばをどんどん書いていくことがポイントだよ。もし、何もうかばないようなときには、大きく息をしたり、まわりを見回してみよう。

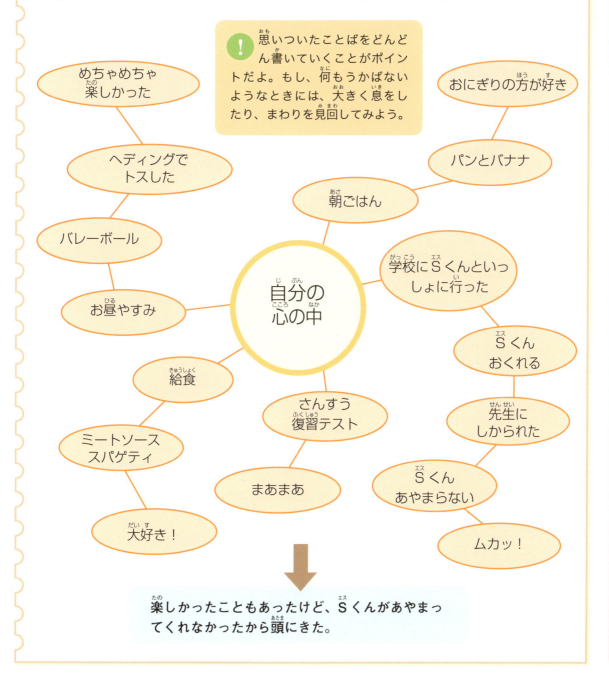

楽しかったこともあったけど、Sくんがあやまってくれなかったから頭にきた。

10 からかわれてヘコんだとき

　メガネをかけているから、クラスの男子が「や〜い、メガネザル！」ってからかってくる。

　からだの特ちょうをからかわれて、「なによ〜！　アンタだって、○○じゃない！」と強く言える子はいいな。そんなパワーがあればなあ、って思ったあなた。きっと心がやさしいんだね。
　やさしい子は、「ワタシ、ホントにみっともないから、言われちゃうんだな」って、「自分が悪い」「自分をはずかしい」と思ってしまう。でも、ぜったいにそれはちがうからね。
　からかってきた子のほうが、悪い！
　自分をはずかしく思うことは、ぜ〜んぜんないよ。
　自分を自分で責めちゃいけない！
　自分で自分の味方になってあげようね！

ワーク 自分の味方になってあげるトレーニング

◎鏡の前に立って鏡の中にいる自分に向かって、つぎのことばを声に出して言ってみよう。ことばを自分の耳から聞くことが大事なんだ。

・けっこういけてるよ。
・このかっこよさが、わかんないかなぁ〜。
・ぜんぜんおかしくないよ
・頭よさそう！
・メガネってはやってるよね。
・ぼくって、○○（メガネをかけた好きなタレント）ににてない？

・ヤセたらぼくじゃないみたいだし。
・"いやし系"っていうんだよ。
・やさしそうだよね。
・心も豊かって感じがするよ。
・みんながやせすぎなんじゃない？
・ぽっちゃりも悪くないよ。
・かっこよくない？

・気にしない！
・成長期、先はまだ長い（中学・高校でも伸びるから）。
・かわいいじゃない！
・バランスがとれてるから、スタイルいい！
・サンショウは小粒でもピリリと辛い。※
・あとから伸びるほうが、結果的には高くなるんだって。
・歴史上の美女は、背が低かったのよ。
・大事なのは、心の大きさよ。

※からだは小さいが、才気・うでまえはひけをとらないという意味

11 仲がいい子にからまれたとき

仲よくしているグループのKくんたちが、笑いながら背中とか頭を思いっきりたたいたり、うしろからけってきたりするんだ……。

　自分の気持ちはどうなの？　いやなの？　平気なの？　人それぞれ感じ方がちがうから、同じことをされても平気な人もいればいやだと思う人もいる。

　あなたはどっちなの？　自分の心に聞いてみよう。ホントにイヤで、やめてほしかったら、「いやだ！」「やめてよ！」ということを、とにかく伝えよう。理由やこまかいことはあとまわしでいい。まわりの人にも聞こえる大きな声で言うんだよ。

　あなたがいやがっていることを、Kくんたちだけじゃなく、まわりの人にも知ってもらうことが大事だから。

ワーク1　自分のほんとの気持ちは、どうなんだろう？

- 友だちをなくしたくないからガマンする。　　　　　　　　　（　はい・いいえ　）
- みんなと仲よくしたいから、気にしないことにする。　　　　（　はい・いいえ　）
- たまにイヤなときがあるけど、このぐらいならだいじょうぶ。（　はい・いいえ　）
- みんなが楽しいから、まあいいや、って思っている。　　　　（　はい・いいえ　）
- 友だちの和をこわしたくない。　　　　　　　　　　　　　　（　はい・いいえ　）
- ひとりになるのがこわい。　　　　　　　　　　　　　　　　（　はい・いいえ　）
- 愛される「いじられキャラ」も、まあいいかな……。　　　　（　はい・いいえ　）

◎「はい」が多かったきみ、みんなに気を使っているんだね。でも、どうしてもガマンができなくなったときには自分の気持ちをはっきり伝えよう。ワーク2でトレーニングだ。

ワーク2　「心を強くするトレーニング」。本番の前に予行練習をしよう。

◎おうちや、だれもいないところで、声を出してみよう。できるだけ、おなかのそこから声を出すつもりで、ゆっくりと言おう。だれもいないところでためしてみるんだ。

「やめてよ！」
「いやなんだ！」
「ボク（わたし）はこんなことされたくない！」
「何でそういうことするの？」

> ❗ どんなことばでもいい。声は低い方がいい。はっきりと、力をこめて。

◎顔の表情は、どうかな？　鏡を見てみよう。

　ヘラヘラとふざけてるように見えたら、やり直し！
「しんけんな顔」で言う練習をしよう。

◎実際に成功したときのことをイメージしてみよう。

◎もし、勇気を出して言っても変わらないときには、
　大人（あなたが一番信頼している人）に相談するんだよ。

12 みんなに合わせるのが苦しくなったとき

Aくんが、スイミングスクールのロッカールームで100円玉をひろって、みんなに「帰りにこれでおごってやるよ」って言った。だれも何も言わないから、ボクも10円のガムを買ってもらってしまった。ほんとはほかの子が落とした100円玉なんじゃないかな？コーチに言ったほうがいいんじゃないかなあ……。

　つい、「このぐらい（10円）なら、いいかな……」「みんなと同じことをしないと、いい子ぶってるように見えるかも……」って思ってしまったんだね。

　うんうん、そうか……。でもさ、なんとなくスッキリしないのなら、自分のホントの気持ちをよ〜く考えてみよう。

　「おかしいな」「ちがうな」って思ったら、ひとりでもがんばれる"ひとりでいる勇気"を持たなきゃならないときもあるよ。

ワーク　ひとりでいる勇気、あるかな？

◎ あてはまる数字に、○をつけてみよう。

1. ひとりでバス（電車）にのることができる。
2. ひとりでるす番ができる。
3. 知っている人のいない集まり（スポーツキャンプなど）に参加できる。
4. ひとりで保健室に行ける。
5. 仲よしの子が、ほかの子と遊んでいてもべつに平気。
6. さそわれても用事があったら「きょうは、やめとく」と言える。
7. ひとりでも反対意見を言える子を、カッコイイと思う。
8. あの子はあの子、自分は自分、と思っている。
9. みんなが知っていると言っても、自分が知らなければ「知らない」と言える。
10. 人はみんなちがうのだから、考え方がちがっていてもあたりまえだと思う。

◎ ○はいくつあったかな？

○が0〜3コのキミ

キミはちょっとさびしがりやさんかな？

すこしずつ、ひとりでもいろんなことができるようになるといいね。

○が4〜6コのキミ

だいぶ、ひとりでいることができるようになっているね。

あともう一歩だから、できそうなところからやってみよう。

○が7〜10コのキミ

ひとりでいる勇気を持っているようだね。そのちょうしで、がんばれ！

13 シカトする側になっちゃったとき

Kちゃんに、Sちゃんと口をきいちゃいけないって言われて、みんなでシカトしている。
ほんとはわたし、Sちゃんのことキライじゃないんだけど。

こういう経験したこと、ある？　そのとき、あなたはどう感じた？　よ〜く考えてみてね、自分の気持ち。それから、もし自分がSちゃんだったら、あなたはどんな気持ちだと思う？　反対に、もしKちゃんだったら、どんな気持ちだと思う？
　自分の立場もあるかもしれないね。だけど、たとえひとりでも、見守ってあげる人になるのは、むずかしいことかな？

ワーク 想像してみよう。

◎Sちゃんになったつもりで、想像してみよう。

どんな気持ちだと思う？
-
-
-
-

◎Kちゃんになったつもりで、想像してみよう。

どんな気持ちだと思う？
-
-
-
-

◎「わたし」になったつもりで、想像してみよう。

どんな気持ちだと思う？
-
-
-
-

◎たとえひとりでも、Sちゃんを見守れる人になるには、どうしたらいいのかな？

自分ができそうなことは、ないかな？
-
-
-
-

14 キレそうなとき

○○○でキレそうになった。
なぐろうと思って、手をあげた……。

　ムカついたとき、あなたはガマンできなくて手や足を出したくなる？　ん〜、そうか。

　ところで、知ってる？　赤ちゃんは思った通り、感じた通りに、すぐに泣く。そう、ガマンができないんだ。でも、だんだん大きくなるにしたがって、自分をコントロールするようになる。

　あなたはもう小学生なんだから、自分の「怒りの気持ち」をコントロールできたほうが、カッコイイよ。

　キレそうになったとき、いい方法がふたつある。
❶深呼吸する。
❷人ではないところに、怒りの気持ちをはき出す。
　まちがっても、怒りを人にぶつけちゃいけないよ。キレそうになったら、この方法で怒りのコントロールだ。

ワーク1　怒りをおさえるトレーニング

◎やってみよう！

- 1、2、3、4、5……できるだけゆっくり数える。
- 空気を胸にいっぱいすいこんで、ゆっくり息をはき出す。
- その場所をはなれる。
- 頭の中で怒りの「フタをしめた」とイメージする。
- 水を一気飲みする。

ワーク2　気持ちをはき出すトレーニング

◎「はき出してもＯＫ」っていう「こと」や「もの」があるよ。

- 全速力で走る。
- サッカーボールを思いっきりける。
- 大声を出す（泣くのもいい）。
- 古い新聞紙を丸める。破る。
- まくらやクッションをなぐる
  （いくらたたいてもいいからね）。
- ノートや紙に思ったことを書きなぐる
  （落ち着いてから読むと意外におもしろい）。

ワーク3　ガマンの限界ポイントをさがす。

◎キミが「キレる」あるいは「キレた」原因は何かな？　書き出してみよう。
自分の限界ポイントを知っておくと、冷静になれる。

例）朝ねむいのに、起こされたとき

- _____
- _____
- _____
- _____

15 どうせ自分なんて…と思ったとき

お姉ちゃんは、頭がよくて、なんでもよくできる。
お父さんもお母さんもなにかというと、
お姉ちゃんと私をくらべる。
どうせわたしなんて……。

こんなときって、悲しいよね。さびしいよね。くやしいよね…。でも、あなたはそんなことをまったく顔に出さないで、気づかれないように明るくふるまっているんじゃないかな？　心が痛くなるようなツライ気持ち。あるんだったら、打ち消さなくていいんだよ。その気持ちも、自分なんだもの。
　泣いたっていいんだよ！
　そして、ほんとに苦しいとき、だれかに気持ちを言ってみると、心が軽くなることもあるよ。

ワーク1　あなたの今の心のぐあいは、どんな感じ？　この中にある？

◎自分の気持ちを絵で表してみよう。

ワーク2　自分の気持ちを書き出してみよう。

・_____
・_____
・_____
・_____

紙に書いてみると、冷静になれるし、あとで読んでみて整理しやすいよ。
それに、落ち着いてみればたいしたことじゃないこともあって「なぁんだ、こんなことか」って、思うこともあるよ。

★ まわりに悩みを相談できる人がいないときは……

　　チャイルドライン　→　http://www.childline.or.jp/
　　ホームページに全国各地の電話番号がのってるよ。
　　ヤングテレホン　→　電話 03-3580-4970

16 見た目や雰囲気を伝えたいとき

うちに、小さな犬が来た。
友だちに話すとき、
どうやって話したらいいかな？

「犬を飼ったんだよ」
「どんな犬？」
「ちょーかわいい犬！」

　これじゃわかんないよね。「ちょーかわいい」って言われて、どんな子犬を思いうかべる？
　人それぞれ「ちょーかわいい」のイメージはちがうから、どんな犬かよく伝わらないよ。相手にわかりやすく話すには、相手が頭の中にイメージできるように、絵をかくように話してみよう。
・犬の種類　・大きさ　・色　・毛のようす　・特ちょう
　「ミニチュアダックス」「トイプードル」「シバ犬」など、相手が頭の中に絵をかけるように、話してみよう。

ワーク1　ふたり一組になって、つぎの絵をことばで説明してみよう。

◎イラストを見せないで、ことばだけで説明しよう。
イメージがよく伝わった説明だったか、イラストとくらべてみよう。

例題）

犬の説明：

- 犬の種類………プードル
- 大きさ…………小さい犬（このくらいと手で表す）
- 色………………白
- 毛のようす……ふわふわ・やわらかい・
　　　　　　　　くるくるしている・短い
- 特ちょう………胴が長い・足が短い

問題1

問題2

!　はじめに、「犬」とか「女の人」とか「バッグ」とか、大きなくくりから説明するんだよ（トレーニング22を見てね）。そのつぎに細かいところを説明しよう。

ワーク2　話したとおりにかけるかな？

◎絵かき歌　かわいいコックさん

♪ぼうが一本あったとさ、はっぱかな？
はっぱじゃないよカエルだよ、
かえるじゃないよアヒルだよ。
6月6日に雨ざーざーふってきて、
三角じょうぎにひびいって、
コッペパン2つ、マメ3つ。
あっという間にかわいいコックさん♪

- きっかけをつくるトレーニング
- 気持ちを表現するトレーニング
- わかりやすく話すトレーニング
- 考えをまとめて話すトレーニング
- 受け答えがうまくなるトレーニング
- ていねいに感じよく話すトレーニング

17 わかりやすく説明したいとき

おじいちゃんが、「ピカチュウってなんだい？」って言う。どうやって伝えよう？

　ピカチュウのことまったく知らないおじいちゃんに、その形を説明するとき、なんて言ったらいいだろうね。「ネズミみたいで黄色くて耳が長いの。しっぽはカミナリみたいにギザギザしてるよ」って言ったらどうだろうか？　おじいちゃんもよく知っているものにたとえると、わかりやすく伝えることができるよね。

　相手にわかってもらう方法のひとつは、「○○みたいな」「○○のような」と、相手が「知っているもの」にたとえること。相手がパッと思いうかぶものがいい。

　ちびまる子ちゃんの永沢くんの頭を「タマネギみたいな」と言うと、パッとうかぶでしょう？「ソフトクリームみたいな雲」って言えば、上の方にせりだした白い雲が頭の中にうかぶし、とってもわかりやすいよね。

ワーク1　つぎのものを、別のことばにたとえてみよう。

◎お父さんの大きなおなか　　　　　　　　　　（　　　　　　　）みたい

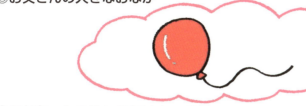

◎あかちゃんのやわらかいホッペ　　　　　　　（　　　　　　　）みたい

◎おじさんのぼさぼさの髪　　　　　　　　　　（　　　　　　　）みたい

ワーク2　つぎの（　　　）にことばを書きこんでみよう。

◎ ▢ の中のことばから選んでもいいよ。

- （　　　　　　　）みたいにいそがしい
- （　　　　　　　）のようにつめたい
- （　　　　　　　）みたいにやわらかい
- （　　　　　　　）みたいにあたたかい
- （　　　　　　　）みたいに大きい
- （　　　　　　　）のように広い

クッション	お父さん　とうふ
お母さん	空
こたつ	海
こおり	春の風
わたあめ	アイスクリーム
先生	やきゅう場
おふろ	ミツバチ　クマ

！ほかのことばも、考えてみてね！
　◎「○○くらい」というのもあるよ。
　　・先生にほめられて、さけび出したいくらいうれしい。
　　・けんかして、なきたくなるくらいつらい。
　　・遠足で歩きつづけたので、立ち上がれなくなるくらいつかれた。

18 「大きい」をわかりやすく言いたいとき

　　　昨日公園で、すっごく大きなムカデが
　　　　　　いっぱいいたのを見た。

　見たものを説明するときに、「すっごく大きな」とか、「いっぱい」のような言い方してない？
　こういう言い方、よくしちゃうんだけど、聞いている人にはわかりにくい。だって、人によってイメージする大きさや数がちがうからね。
　そういうときには「数字」で表してみるといいよ。たとえば、
　　すっごく大きい⇒「15cm くらいの大きなムカデ」
　　いっぱいいた　⇒「10匹はいた」
　数字が入っていると、実際の大きさや数がよくわかって頭の中でイメージしやすいでしょ？
　ふだんの生活の中で、「数字」を使って話してみよう。

ワーク1 つぎの文章の中にあることばに数字を入れて話してみよう。

例) **大きな**ハンバーグ → （15cm ぐらい）

- **みんな**であそんだ → （　　　人で）
- 今日は**たくさん**勉強した → （　　　時間ぐらい）
- **ずーっと**前から知ってる → （　　　年前から）
- **しょっちゅう**行っている → （月に　　　回くらい／年に　　　回くらい）
- **昔から**ここに住んでいる → （　　　年前から／おじいちゃんの代から）

ワーク2 自分の体をものさしにしちゃおう。

身長（　　　）cm

両手をいっぱいに広げたとき（　　　）cm

ひじから手首まで（　　　）cm

手のひらをいっぱいに開いたときの長さ（　　　）cm

体重（　　　）kg　　足の大きさ（　　　）cm

!　知っておくとけっこう便利だよ！

19 「思いちがいしてるかな？」と思ったとき

お母さんにSちゃんのことを話していたんだけど、
なんかかんちがいしているみたい。
わたしの知っているSちゃんはふたりいるんだ。

「おなじクラスのSちゃん」と、「塾でいっしょのSちゃん」がいるんだね。お母さんと話すときには「〇〇のSちゃん」って、言うようにしようね。

自分にとっては当たり前で「相手はわかってくれているだろう」と思うことでも、相手に伝わっていないことはよくあることだよ。だから「〇〇の」と、説明をしてから話すようにしよう。

話すときには「相手はわかっているかな？」と、考えながら話すことも大事だよ。

ワーク どう言えば相手に伝わるのかな？

1. お母さんがお買い物に行くから「わたしの好きなおかしを買ってきて！」ってたのんだ。「オッケー」って言うから、楽しみにしていたんだけど、買ってきてくれたのはぜんぜん好きなものじゃなかった。がっかり……。
   ・どう言えばよかったのかな？

   _____

   _____

2. 放課後、「いつものところで待ち合わせね！」とやくそくしたのに、友だちが来ない。もう、どうしちゃったんだろう？　と思ったら、別々の場所で待っていたんだ。
   ・どう言えばよかったのかな？

   _____

   _____

3. 「ちゃんと持ったの〜？」って言うからわたしは「たいそう着」のことだと思って「持ったよ〜」って言った。お母さんは「かさ」のことを言ったんだって。帰りは雨にぬれちゃった……。
   ・どう言えばよかったのかな？

   _____

   _____

 答え方はひとつじゃないよ。

★答えの例とアドバイス★

1. 「（わたしがほしいのは）ジャガリンコとポテコロコロだよ」って、おかしの名前を言う。お母さんに、「何を買ってきてくれるの？」とたしかめるのもいいね。
2. 「いつものところ」があいまいなんだね。「正門前」とか「水飲み場」みたいに、はっきりと待ち合わせ場所を言っておいたらよかったね。
3. 「何を？」って聞き返せばよかったね。お母さんも「かさ持ったの？」って聞いてくれればよかった。

- きっかけをつくるトレーニング
- 気持ちを表現するトレーニング
- わかりやすく話すトレーニング
- 考えをまとめて話すトレーニング
- 受け答えがうまくなるトレーニング
- ていねいに感じよく話すトレーニング

20 整理して伝えたいとき

キャンプに行って、すごく楽しかった。お母さんに「どうだった？」って聞かれたけど、いろんなことがいっぱいあったので、何から話していいかわからなかった。

いっぱい話したいことがあったときに便利なのが、数字をあげてひとつずつ話す方法。"ナンバリング"っていうんだよ。1番目に、2番目に、3番目に……など数字をあげて順番に話すと、ことばが出てきやすいよ。
「おもしろいことがいっぱいあったよ。一番おもしろかったのが、水で遊んだこと。くつをぬいでズボンまでぬれちゃったけど…」。こう話すと、聞いているほうもわかりやすいよね。"ナンバリング"は、作文を書くときにも使える方法だよ。

ワーク 「ナンバリング」で説明してみよう！

◎朝、目がさめてから学校に行くまでにすること
1.
2.
3.
4.
5.

◎林間学校に行って、おもしろかったこと（遠足でも家族で出かけたところの話でもいいよ）
1.
2.
3.
4.
5.

◎お誕生日にほしいもの（クリスマスプレゼントでもいいよ）
1.
2.
3.
4.
5.

◎今学期中にしなければならないこと
1.
2.
3.
4.
5.

> ❗ 何かをこれから言おうとするときにも、「伝えたいことがふたつあるから、聞いて。ひとつは……」と言ってから話してみよう。

21 ややこしいことを説明するとき

When いつ
Where どこで
Who だれが
What なにをした
Why どうして
How どのように

昨日、近所の家に空き巣が入ったらしい。おまわりさんがうちに「なにかかわったことはありませんでしたか？」って聞きに来ていた。そういえば、あれっへんだなって思ったことがあった。

人に事実を伝えるときは、
Aグループ：「いつ」「だれが」「どこで」「なにをした」
Bグループ：「どのように」「どうして」

というポイントをおさえること。まず骨組みを伝えるAグループが話の基本だ。

「昨日の夕方、見かけない人がとなりの家の玄関から出てきた」
　〈いつ〉　　〈だれが〉　　　〈どこで〉　　　〈なにをした〉

これにBグループのポイントをくわえよう。
「どんな洋服を着ていたか・背の高さ・顔の特ちょう」などを説
　　　　　　〈どのように〉
明しよう（トレーニング16も参考にしてね）。

どうしてへんだなと思ったのか、その理由も言えるかな？
「思ったこと」をつけくわえると、自分らしい話になるよ。
　〈どうして〉

ワーク1　つぎの絵を見て、伝えてみよう。

いつ？　→

だれが？　→

どこで？　→

なにをした？→

どのように（どんなようす）？→

どうして（思ったことは）？→

ワーク2　つぎのようなときは、どう報告するかな？

◎学校で、先生に自習のようすを報告する

◎委員会の活動について報告する

22 相手にわかりやすく伝えたいとき

ぼくのスニーカーを買いに行った。
お母さんが、「自分のくつなんだから、どんなのがいいか自分で言ってごらん」って言う。
お店の人に何て言ったらいいのかな？

話す前には、伝えたいことを心の中で決めておこう。自分がどんなスニーカーがほしいか、たとえば「白い地に青い線が入っているもの。足の大きさは21センチ」とかね。そして、話すときには、話の順序ってとっても大事なんだよ。

全体的なこと ⇒ こまかい説明

これから何について話すのか全体的なことをはじめに言っておくと、「そうか、これから○○の話がはじまるんだな」と、相手は聞く準備ができる。この場合は「スニーカーを見せてください」が全体的なことだね。そのあと、こまかい説明をしていくんだ。ふだんでも、「○○をしたいんですけど」のように、はじめに全体的なことを考えてから話すといいよ。

ワーク　つぎのようなとき、どのように話しますか？

◎デパートに洋服を買いに行きました。ポロシャツとジーンズがほしいのだけど……。

全体的なこと→

こまかい説明→

◎大きな本屋に行きました。絵本がほしいのだけど……。

全体的なこと→

こまかい説明→

◎駅でサイフを落としました。駅員さんにどうやって説明しよう。

全体的なこと→

こまかい説明→

23 道案内するとき

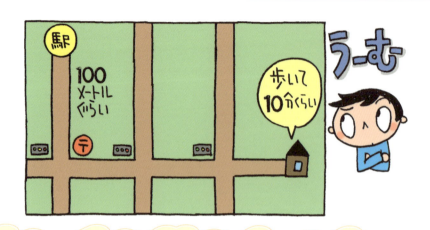

親せきの人が、「駅までの道を教えて」って言う。
どうやって説明したらいいの？

　道の説明って、したことある？　自分が通っている道、よく知っている道の説明って、いがいにむずかしいんだ。自分では当たり前だと思っていることって、ふだんはあんまり気にしていないもんね。

　一度、はじめて通る人になったつもりで、まわりを見まわしながら歩いてみるといいよ。

◎道案内のポイント

❶はじめに、「ボクの家から駅までを教えるね」と、どこからどこまでの案内なのかを伝える。

❷全体の見通しとして「歩いて○分くらい」とか「何メートルくらい」などの情報を伝える。

❸曲がり角の目印になるものや、信号を○つこえてなど数字を入れるとわかりやすい。

ワーク 下の地図を見ながら、わたしの家から学校まで道案内してみよう。

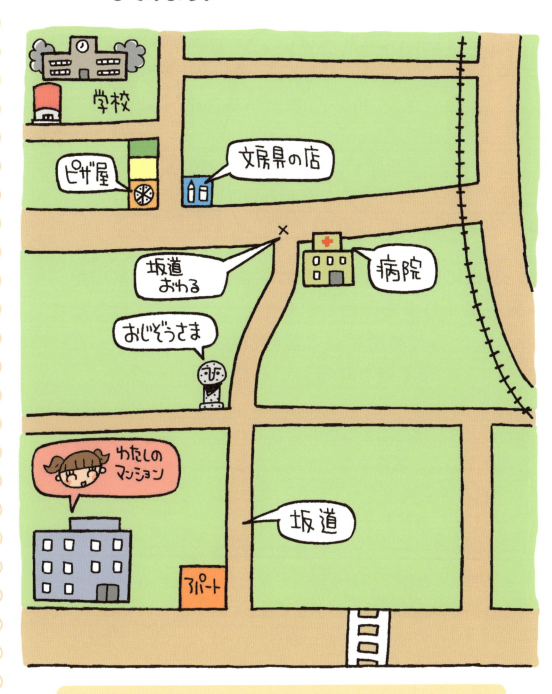

! わたしのマンションから学校までは歩いて7分ぐらいだよ（走ると3分）。

24 「どうしたいのか」わからなくなったとき

学校にいるとき、家のカギを失くしてしまった。
先生に「カギを落としました」って言いに行ったら、
「それで？」と言われたんだけど、
何て言ったらいいんだろう……？

ただ「カギを落としました」と言われても、相手はどうしていいかわからないよ。話をするときに大切なのは、そこから先、あなたが「どうしたいのか？」ってこと。たとえば、

・いっしょにカギをさがしてほしい……。
・家に電話をしたいから、職員室の電話を貸してほしい……。
・お兄ちゃんが中学校から帰ってきたら家に入れるから、
　それまでの時間学校にいさせてほしい……。
・どうしたらいいかわからないから、いっしょに考えてほしい……。

話す前に、自分は「どうしたいのか？」をまず考えてみよう。それをハッキリさせてから、話すんだ。ふだんから「自分はどうしたいのか？」と自分に聞くクセをつけておこうね。

ワーク つぎの場面で「どうしたいのか」考えてみよう。

◎今日までって言われた遠足の写真の申し込み書とお金をわすれてきちゃった。
　・どうしたいの？
　
　
　・そのためにはどうする？　だれに何て言う？
　
　

◎大雨がふっているのに置きカサがない。
　・どうしたいの？
　
　
　・そのためにはどうする？　だれに何て言う？
　
　

◎前を歩いていた人が、サイフみたいなものを落とした。
　・どうしたいの？
　
　
　・そのためにはどうする？　だれに何て言う？
　
　

◎ゲームソフトを買ったけれど、こわれていたのでお店に行った。
　・どうしたいの？
　
　
　・そのためにはどうする？　だれに何て言う？

25 「どうしたいのか」決められないとき

ソロバンを習おうと思うんだけど、
近所に教室がふたつある。
どっちの教室に行ったらいいか、わかんない。

どっちを選んだほうがいいか、まようときって、ある。大人だって、こんなことの連続なんだ。そのとき、考えを整理する方法のひとつとして、表をつくる方法がある。

◎見学に行って考えたこと

A教室	B教室
家から近い	教室が広くてキレイ
友だちも2人行ってる	自転車で行く（10分）
曜日があわない（スイミングと重なる）	先生はいい感じ
先生はいい感じ	コンビニがそばにある

書き出してみたら、家から近いと友だちも2人行ってるが、自分にとって大事なことだとわかった。スイミングの曜日を変えてA教室に決めた！　決め手がないときには、いいと思った理由が多い方を選択しよう。

ワーク 自分はどうしたいのか、表に書きこんでみよう。

◎クリスマスプレゼントや誕生日プレゼントにほしいもの

◎つぎのおこづかいで買いたいもの

◎夏休みの旅行で行きたいところ

! 考えたこと、思いついたことを書いていくことが大事。比べてみると、自分の気持ちがはっきりしてくるよ！

26 誤解されちゃったとき

放課後のそうじ当番に行ったら、もうだれもいなかった。終わったのかと思って帰ったら、つぎの日先生から「そうじをサボって帰ったな」ってしかられた。ぼくの言うことも聞いてほしい。

　まず、こういう場合はぜったいに、「だって……」は、言わないこと！　いいわけに聞こえるからだよ。まずは相手の話をよ〜く聞こう。そして、相手に誤解されているって思ったときは、相手が言い終わったあとで、"クッションことば"を使って落ち着いて言うんだ。
「ちょっと待ってください。わたしの話も聞いてください」って静かに、ゆっくりと言おう。言いたいことを整理して話すと相手によく伝わるよ。
　時間の流れにしたがって、「あったこと」（事実）と「思ったこと」（感想）を分けて言おう。いざというときのために日ごろから練習しておこう。

◎時間的な流れで事実をまとめよう

時　間	あったこと（事実）	思ったこと（感想）
（昨日） 帰りの会が終わる	1組の子（下の階）に、本を返しに行っていた。	借りっぱなしだったので、申し訳なかった。
	もどってきたら、教室にはもうだれもいなかった。	どうしたんだろう？
	理科室や音楽室もさがしたけど、そこにもだれもいなかった。	どうしたんだろう？ もしかしたら、今日はそうじはなかったのかも……。
	家に帰った。	
（今日） 朝学校に来てから	Eくんに「昨日、そうじサボっただろう」と言われた。	やはりそうじがあったんだ。
	Sくんが「体育館に片づけに行っていたんだ」と教えてくれた。	もう少し、待っていればよかった。

ワーク　キミのまわりに起こったことを、事実と感想に分けて、整理してみよう。

時　間	あったこと（事実）	思ったこと（感想）

27 自分の言っていることを みとめてもらいたいとき

Sちゃんのシャープペンが、教室でなくなった。
わたしの持っているシャープペンが
Sちゃんのなくなったのと同じなんだって。
でも、これはぜったいにわたしのだ！

こういうときって、まず頭の中がまっ白になってしまわない？
でも、落ち着いて考えてみようよ。
「これは、ぜったいにわたしのものだ」って、相手に伝えて納得してもらうには、それなりの"理由"がいる。
「自分の持ち物だ！」と何度言っても、そのしょうことなる"事実"がないと、説得できない。主張する「理由」はある？　そのしょうことなる「事実」はある？

◎「わたしのものだ」という理由と事実

理由（なぜなら～）	事実（そのしょうこ）
わたしは、同じ色・形のシャープペンを、いつもふで箱に入れていた	これは、今年の夏ディズニーランドに行ったときに、パパに買ってもらった
持つところに、キズがついているから	これは、弟とケンカしたときにつけてしまったキズ

> ❗ 言い方の例＝「〇〇〇〇だから、△△△△」
> 「それは、□□□□という事実があるから△△△△」

ワーク　理由と事実を整理して説明してみよう。

◎白いペンでらくがきされたつくえがあったので、先生がだれがやったのかとたずねた。
ぼくは、修正ペンを持っている。
「自分じゃない」と説明してみよう。

理由（なぜなら～）	事実（そのしょうこ）

★答えの例★

理由・・・・・・・・・・・・・・昨日はすぐに帰ったので、放課後教室に入らなかった。
しょうことなる事実・・・・・塾に行った。

28 ケンカを解決したいとき

Bくんが、まちがってAくんの足をふんでしまった。ふまれたところは、きのうケガした場所だったから、Aくんは「なにすんだよ〜！　いたいじゃないか！」とさわいだ。そのことを知らないBくんは「ちょっと足ふんだくらいで、うるさい！」と、カッとなり、ぶあつい本でAくんの頭をなぐった。

　こういう「ケンカ」って、あるよね。人はそれぞれがちがうから、考え方や気持ちがそれぞれちがう。相手と意見がちがっていても、自分の言い分ばかりを主張するのではなく、交渉する、話し合うという気持ちが大事なんだ。
　でも、ケンカして頭に血がのぼってカッカしているときは、なかなか落ち着いて相手の話も聞けないし、自分の言い分もきちんと伝えられないことが多いよね。そこで仲直りのルールと誓約書を紹介しよう。クラスやグループでやってみよう。

仲直りのルール

- □ さけんだりわめいたりしないで、落ち着いて話します。
- □ 人が話しているときには、口をはさまないで、さいごまで聞きます。
- □ 「自分は〇〇〇〇〇を伝えたい」という言い方を使って、順番に話します。
- □ すべての事実を出し合います。
- □ つぎのことも考えに入れて、もう一度話し合います。
    1. 人の体をきずつけていない？
    2. 人の心をきずつけていない？
    3. うそをついていない？
    4. ひきょうなことはしていない？
- □ おたがいに少しずつ歩みよります。
- □ 全員が賛成するような解決方法を選びます。

仲直りの誓約書

わたしたちは、仲直りのルールにもとづいて話し合いをしました。

わたしたちは、仲直りしたことをここに表明します。

日付け	サイン
日付け	サイン
日付け	サイン
日付け	サイン

! ケンカをしたときではなく、何も問題が起こっていないときみんなで確認します。

29 ヤバイ！ って思ったとき

学校から帰ってきたら、
お母さんがいなくて家に入れない。
トイレに行きたくなっちゃった……ピンチ！

　さぁ～、どうしよう？　きっとだれでも、必死で考えるよね。頭の中がグルグル……。そうだ！　おとなりのうちに借りに行こう！　いい考えだ。だけど、もしピンポンしてもだれも出てこなかったら……。だから、いろんな方法を考えておかなきゃならないね。たとえば、
・駅まで走って、駅のトイレにかけこむ。
・コンビニでトイレを貸してもらう。
・ガマンする。

　ピンチのときに、どれだけたくさんの考えが出せるか。いろいろな方法を考えてみる練習をしておこう。ふだんからやっておくと、いざというときにきっと役に立つよ。

ワーク こんなとき、どうしたらいい？
できるだけたくさんの解決方法を考えてみよう。

◎電車の中できっぷをなくしたみたい。さあどうする？

1.
2.
3.
4.
5.

◎昨日が図書館で借りた本を返す日だったのにまたわすれちゃった。

1.
2.
3.
4.
5.

◎公園に止めておいた自転車がない！

1.
2.
3.
4.
5.

30 「怒られる」って思ったとき

宿題、わすれちゃった！　今週2回目だ……。
先生に怒られるだろうな……。
ああ、何て言ったらいいだろう？

　さあ、何て言おう？　残念だけど、これに対するアドバイスは、ない。いさぎよく、あやまろう！
　ただし、そのあとの行動を教えるね。
「信頼を取りもどすためにはどうすればよいか」を考えてみよう。失敗をどうカバーするか、そのあとの言い方と行動しだいでちょっとちがってくる。
　「休み時間にやります」「明日は必ず持ってきます」「つぎはわすれません」など。一歩先を考えて「熱意」を見せることだ。
　でも、その場しのぎに、できもしないことを言うのはダメだよ。言うからには、今度からはぜったいに守ること。

ワーク つぎのようなとき、どんなことを言ったらいいか考えてみよう。

◎お母さんに「せんたく物、とりいれといてね」と言われていたのに、テレビを見ている間に雨がふっていて、せんたく物が全部ぬれちゃってた。もうすぐ買い物から帰ってくるお母さんに、何てあやまろう……。

_____
_____
_____
_____

◎友だちと3時に公園で待ち合わせしていたのに、すっかりわすれてお母さんとお買い物に行っちゃった。友だち、怒ってるだろうな……、どうしよう。

_____
_____
_____
_____

◎みんなで○○くんをからかって遊んでいたら、○○くんが先生に相談して、先生によび出されちゃった。ふざけていたつもりだけだったんだけど……。

_____
_____
_____
_____

31 だれかと交渉したいとき

給食当番のとき、いつも同じ子がおかずの係になる。わたしだってたまにはおかずの係になりたい。
早いもの勝ちなんてずるい。
順番にしてほしいなぁ。

いいなあ、ずるいなあ、かわってほしいなあ……って思ってるんだよね。でも、そう思っているだけだと、不満がたまるばかり。何の解決にもならないよ。"交渉"のやり方を知って、けんかにならずに自分の希望をかなえてみようよ！

"交渉"とは自分の希望を通すためだけの方法ではなく、相手とのやりとりで両方に満足のいく結果を出すための方法だ。交渉のルールをマスターしたら、あとは勇気を出して行動あるのみ！

◎交渉のルール

① 自分の希望は何か
　ぼくは／わたしは　　おかずの係をしたい

② その希望をかなえたい理由　いつも牛乳ばかりで1回もおかずの係になったことがないから

③ 相手が納得する条件（2つ以上考えてみる）
・明日はまた交代するから（順番制にしよう）
・じゃんけんで決めようよ（みんなにチャンスがあるようにしよう）

④ 交渉する相手のことをよく見て、タイミングをつかむ
　仲よしのKちゃんと台車を取りに行くときに歩きながら言う（教室に戻ってから「かわって！」って言ったって、「おそい！今からはむり！ダメ！」と言われてしまうだろうから）

> !　相手がいることなんだから、その相手の性格を考えて作戦を立ててみよう。
> あとは、話すタイミングと「どうしても○○○したい！」という熱意だよ！

ワーク　つぎのようなとき、どのように交渉したらいいか考えてみよう。

◎うちでは「テレビは1日1時間」っていうルールがある。でも、今日はいつも見ているアニメの2時間スペシャルがあるんだ。どうしても見たいよ〜。

① 自分の希望は何か
　ぼくは／わたしは＿＿＿＿＿＿＿＿＿＿＿＿＿＿＿＿＿＿

② その希望をかなえたい理由
＿＿＿＿＿＿＿＿＿＿＿＿＿＿＿＿＿＿＿＿＿＿＿＿＿＿

③ 相手も納得する条件（2つ以上考えてみる）
＿＿＿＿＿＿＿＿＿＿＿＿＿＿＿＿＿＿＿＿＿＿＿＿＿＿
＿＿＿＿＿＿＿＿＿＿＿＿＿＿＿＿＿＿＿＿＿＿＿＿＿＿

④ 交渉する相手のことをよく見て、タイミングをつかむ
＿＿＿＿＿＿＿＿＿＿＿＿＿＿＿＿＿＿＿＿＿＿＿＿＿＿

◎3年生になったから、そろそろおこづかいを上げてほしい。

① 自分の希望は何か
　ぼくは／わたしは＿＿＿＿＿＿＿＿＿＿＿＿＿＿＿＿＿＿

② その希望をかなえたい理由
＿＿＿＿＿＿＿＿＿＿＿＿＿＿＿＿＿＿＿＿＿＿＿＿＿＿

③ 相手も納得する条件（2つ以上考えてみる）
＿＿＿＿＿＿＿＿＿＿＿＿＿＿＿＿＿＿＿＿＿＿＿＿＿＿
＿＿＿＿＿＿＿＿＿＿＿＿＿＿＿＿＿＿＿＿＿＿＿＿＿＿

④ 交渉する相手のことをよく見て、タイミングをつかむ
＿＿＿＿＿＿＿＿＿＿＿＿＿＿＿＿＿＿＿＿＿＿＿＿＿＿

32 「どうだった？」と聞かれて困ったとき

学校から帰ってくると、お母さんが
「今日、どうだった？」って聞いてくる。
どうだったって言われても、
何をどう答えていいか、わかんないよ。

「どうだった？」って質問は、何がどうだったのかわからないから、「べつにっ！」って言ってしまいたくなる気持ちはわかる。でも、お母さんは学校のようすを知らないからはっきり聞けないだけ。きみが学校でどうしているかが知りたいんだ。

だから、何も知らないお母さんに、一部分だけでも教えてあげよう。おかしかったことでも、うれしかったことでも、ムカツクことでも何でもいい。

思い出したことを何でもいいから話せば、学校での生活がじゅうぶん伝わると思うよ。

ワーク 今日あったこと、感じたことを思い出してみよう。

■ほんのちょっとのことでもいいんだよ。あなたにはたいしたことじゃなくても、うちの人にとってはすべてが知らないことだからね。

◎学校の行き帰り
いつもとちがうことなかった？　何かめずらしいものを見たり、聞いたりしなかった？
だれかに会ったりしなかった？

_____

_____

◎授業中
「へえ〜っ、そうなんだぁ」って思うようなことなかった？
先生の説明でわからないところはなかった？

_____

_____

◎給食のとき
何がおいしかった？　残さずに食べられた？　おかわりはした？
どんなこんだてだった？

_____

_____

◎先生のことで
怒られたり、注意されたりした？　ほめられたり、感心されたりした？

_____

_____

◎友だちのこと
休み時間は何して遊んだ？　ケンカしたりしてない？
みんな元気？　学校休んだりしていない？

_____

_____

◎自分のこと
わすれ物や落とし物などしなかった？　などなど

_____

_____

33 「聞いてる？」と言われちゃったとき

Mちゃんに、話しかけられた。何て答えようか考えていたら、「ねえ、聞いてる？」って言われた。どうしたらよかったのかなあ。

　もし、自分が話しかけた相手が「……」（だんまり）だったら、どう？　ムシしてるのかな？　聞こえてないのかな？って、心配になるよね。自分では頭の中でフル回転していて、あせって答えをさがそうとしていても、相手にはわからないかもしれない。
　だから、聞いているよ！という気持ちを示さなきゃならない。あいづちで「話を聞いているよ」と相手に伝えよう。
　すぐそばにいるときは、顔を見て「うんうん」ってうなずくだけでも伝わる。できたら「そう？」「ふうん」「それで？」なんて、短いことばを返してあげたら、相手も話しやすいよ。
　漫才の会話がおもしろいのは、テンポよくことばが行ったり来たりするからだと思わない？

ワーク 漫才の「ボケとツッコミ」を練習してみよう。

◎ふたり一組になって「ボケ役」と「ツッコミ役」を決める。
つぎのやりとりを、芸人になったつもりで、やってみよう。

ツッコミ役：昨日英語ならってきたんや
ボケ役　：へ〜、じゃあ日本のにわとりはコケコッコってなくけど、アメリカに行くと？
ツッコミ役：クックドゥードゥルドゥーやろ！
ボケ役　：時差ぼけで寝てるから鳴かない！
ツッコミ役：んなアホな！

ツッコミ役：「ちょっとバス停に行って、時刻表見てきて」（しばらくして）
ボケ役　：「見てきたよ」
ツッコミ役：「それで、どうだった？」
ボケ役　：「昨日と変わってなかったよ」
ツッコミ役：「オイオイッ！」

◎あいづちを打とう！
・受け入れ系
　⇒ うんうん。ふ〜ん。そう！　なるほど。そっか。そだね。わかる！
　　ですよね〜。いいんじゃない？　そうですね。
・ツッコミ系
　⇒ なんでやねん！　いいかげんにしいや。　んなアホな！（関西）
　⇒ おいっ。オイオイッ。コラッ！　おっしゃると〜り！（関東）
・ギャル系
　⇒ マジー？　うっそー！　やっだー！
・おだて系
　⇒ さすが！　やるじゃん！　わぉ〜。

! ツッコミは思いやりです！
楽しくコミュニケーションする
ために、ツッコミの合いの手を学ん
じゃおう！

34 話しやすい人と思われたいとき

話すのがとくいじゃないので、いつも人の話を聞く役ばっかり。会話ってむずかしい……。

　会話がうまい人って、必ずしも話すことがうまいってわけじゃないんだよ。"聞きじょうず"ということばがあるように、相手の話をじょうずに引き出してあげると、会話もはずむ。
　相手の話に興味を持って、「ふ〜ん」と聞ける人こそ、会話じょうずなんだよ。
「うんうん」「そうそう」ってあいづちを打ったり、
「○○○なんだ！」って、相手のことばをそのまま返したり、
「それで、それで？」って先をうながしたり、
「それはいいね」ってほめたりする。
　話の引きだしじょうずな人になろう。

ワーク　ラップゲームをやってみよう！

ラップのリズムで手びょうしをし、リズムに合わせて質問しよう。
テンポのいいことばのやりとりを、ラップゲームで味わってみてね。

<やり方>
1. 2人以上で行ないます。
2. みんなで輪を作ってすわります。
3. じゃんけんではじめの人を決めます。
4. 手びょうしにのせて「わたしは○○で生まれた△△です」
　と言ったあと、左どなりの人に質問を回します。
5. 前からきた質問に答えてから、じぶんの紹介をし、さらに
　左どなりの人に質問をしていきます。

<質問の例>　かんたんに答えられる質問がいいね。
・好きなテレビは何ですか？
・好きな歌手はだれですか？
・好きなマンガは何ですか？
・好きなスポーツは何ですか？
・お笑いが好きですか？
・きょうだいは何人いますか？
・ほしいものは何ですか？

! 答えたくない質問のときには「それは言えません♪」とか「それはヒミツです♪」もアリだよ！

35 友だちをなぐさめたいとき

Y子ちゃんちのインコが死んじゃったんだって。あんなにかわいがっていたのにかわいそう。なぐさめてあげたいけど、何て声をかけよう……。

　キミは、かわいがっていたペットが死んじゃったときって、ある？　そんなとき、どんな気持ちだった？
　経験したことがなくても、もしそんなことがあったらどんな気持ちになるか、想像してみよう。
　そんなとき、自分だったらどんなことばをかけてもらったらうれしい？　どんなふうにしてもらえたら、うれしい？
「つらかったね」
「かなしかったね」
「話したくなったときに、話してね」
　そっとしておいてほしい人もいる。ことばに出しても、出さなくてもいい。友だちが悲しんでいるときは、いっしょの気持ちになってあげよう。

ワーク1 つぎのイラストを見て、ふきだしにことばを入れてみよう。

◎お母さんが病気で入院した友だちに。

◎運動会のリレーでバトンを落として負けてしまい、落ちこんでいる友だちに。

◎自分のことばで伝えてみよう！
大変だったね。
だいじょうぶ？
さみしいね。
わたしがついてるよ。
話せるようになったら、言ってね。いつでも聞くよ。
どんまい！　気にすることないよ。

> ! 何も言わないで、せなかをさすってあげる。手をにぎってあげる。うなずいてあげる。話さなくても気持ちが伝わる表現方法があるよ。

ワーク2 こんなときには、何て言う？

◎遠足やキャンプの日に熱を出して休んでしまった友だちに。

◎ぜんそくで入院している友だちのお見まいに行ったときに。

◎お父さんの仕事で引っこして行っちゃう友だちに。

36 説明がわからないとき

サッカーの試合前、コーチが今日の作戦の説明をした。ぼくにはその作戦が、何のことかわからない。どうしよう？

　わからないうちに試合がはじまっちゃったらどうする？　作戦通りに動けなかったらどうなる？
　わからないことを聞くのは、はずかしいことではないよ。「これは大切！」と思ったら、思い切って聞こう。
「聞こえませんでした。もう一度言ってください」
「○○作戦ってよくわからないので、教えてください」
「それってなんですか？」
　勇気を出して言ってみよう。わかったつもりで、どんどん知らないことが山づみになるよりずっといい。少しはずかしくても、聞いたほうが失敗しない。もちろん、一度聞いたことは、できるかぎりわすれちゃだめだよ。

ワーク　こんなとき、どんな質問をしたらいいかな？

1.「明日の朝、〇〇時までにグラウンドにくるように！」（聞き取れなかった…）

_____

2.「？×＊％を、〜＆＄＊してくださいね」（知らないことばだった…）

_____

3.「だから＊＊＊で、そこから＊＊＊」（まわりがうるさくて聞こえない〜）

_____

4.「スーパーで、ジャガイモとニンジンと、洗ざいとお酢を買ってきてくれる？」
　（おぼえられないよう〜）

_____

5.「日曜日に、××駅のそばにある〇〇ってビルの中にあるお店に遊びに行ったときね〜」
　（早口すぎる…）

_____

6.「そこんとこ、アレしてほしいんだけど…」（そこのアレ？）

_____

7.「てきとうに、びゃ〜、ってやっちゃってよ」（意味わかんない…）

_____

> ❗ 質問するときには、態度や声の調子も大事だよ。
> ふてくされたような態度や、攻撃しているような言い方だと、気分悪いよね。
> ていねいに質問しよう。

★質問の例★

1. 何時までに行けばいいんですか？／2. すみません。意味がわからなかったので、説明していただけますか？／3. まわりがうるさくて聞こえないので、もう一度言っていただけますか？／4. おぼえられないから、くり返して言って。／5. もうちょっとゆっくり言ってね。／6. アレって何ですか？／7. わかんない。わかりやすく言って。何をすればいいの？

85

37 どう質問したらいいかわからないとき

発表する授業のときはいつも、「何か質問はありますか？」っていう時間があるんだけど、何を質問していいかわからない。

いろんな質問ができることって、大切なことだよ。だから質問するコツを教えるね。５Ｗ１Ｈで質問をつくるんだ（102ページを見てね）。

Ａグループ：「いつ？」「どこで？「だれが？」「なにをした？」
Ｂグループ：「どうして？（なぜ？）」「どうやって？」

Ａグループは、話をはっきりさせるための質問。話をふくらませるのが、Ｂグループの質問だ。

たとえば、夏休みの自由研究の発表のあとの質問の時間で、「どうして、そのテーマをえらんだんですか？」とか「どのようなことに工夫しましたか？」なんて質問をしたらどうだろうか。質問じょうずになるには、相手が話したことに興味を持つこと。質問する回数を増やして、なれていこう。

ワーク イラストを見ながら、質問をつくってみよう。

①ぼくは旅行に行きました。

①についての質問

②こんなところに行きました。

②についての質問

③帰ってきたところです。

③についての質問

 どれだけたくさん質問できたかな？

38 シャレで言い返したいとき

「おまえテスト何点だった？」っていつも
となりのＫ君がのぞきこんでくる。
そしていつも「ひっでえ点！　マジかよ」って
ひやかしてくる。すごく感じ悪い。

　ほんといやだよね！　ただでさえがっくりきているのに……。
こういうときになんか言い返したいんだけど、うまいことばが出てこないときってあるよね？
　「やめてくれよ！」って言いたいのはわかるけど、なんだかケンカになりそう。
　もっとかるい感じで言い返せるといいよね。
　じゃ、自分の気持ちにぴったりすることば、さがしてみる？
ジョークで返すなら、お笑い芸人の「ボケ」も参考になるね！

ワーク 切り返しのことばとして、自分に一番ピッタリするのはどれかな？

◎「ひっでえ点！　マジかよ！」と言われたら……。

「ほっとけ！」
「じゃあ君は何点？」
「そうなんだ。どうしたらいい点とれるかな〜？　ね〜教えて」
「のぞきは、犯罪ですよ！」
「ご心配いただいてありがとう」
「せつないなあ〜」
「でしょ？　知ってるよ〜」

 さらっと聞きながすのもいいよ！

◎「○○が（服やヘアスタイルが）ダサインんだよね」と言われたら……。

「別にいいじゃん。中身で勝負だよ」
「ええねん、それで」
「うそ〜！　ちょーかわいーのにぃー」（冗談ぽく）
「これ来年、はやるファッションやで」
「顔がよすぎるから、これでちょうどいいのさ」
「うちのスタイリストに注意しておくわ！」
「"ダサかわいい"って知らないの？」
「え？　知らないの？　つぎはこれがはやるんだよ」
「オイオイ、君に言われたくないよ」
「ぼくもまいってるんだよね。今度うちの親にキミからも言ってよ」
「"個性的"って言ってよぉ」

39 断られてへこんだとき

「放課後、遊ぼっ！」って言ったとき、
「ごめん。ダメ！」と断られた。
へこむなぁ……。

　せっかく勇気を出して言ったのに、ことわられたらへこむよね。
「きらわれているのかな」
「まただ……いつもわたしはダメ」
「なんて、ワタシって運が悪いのかな」
　こんなふうに考えてしまうのではない？　そう思うと、うつむいて声が小さくなってミジメになるよね。
　でも、へこまない人は、そんなふうに考えないんだ。
「今日は塾があるのかも」
「いやなんだったら、しかたないや。ほかの子と遊ぼう」
　プラスの心で、受け取っているんだ。そうすると、
「そっか、ダメなんだ」「また、今度ね！」って、明るく言えるかもね。へこまない心のつくり方、おぼえておこう！

ワーク　いろんな方法を試してみよう。

◎へこんだ心を切りかえる方法
- からだをうごかしたり、何かに集中すると気分が変わるよ！
    - ボールをける
    - 思いっきり走る
    - 音楽を大きな音で聞く
    - ピアノをひく
    - 漢字をノートに書き続ける
    - 犬と散歩する
- 紙袋に、くやしい気持ちや悲しい気持ちをさけんで閉じこめて、それをパンとわってしまう。「おしまい！」とことばで言う。
- 紙に、心の中のことばをたくさん書き出して、切りきざんですてる。

◎パワーアップする方法
- パワーをくれる友だちや家族、知り合いと話してパワーをもらう。
- アニメのキャラクターからパワーをもらおう！

ナルトになって　→	「じゃあまあ、いいってばよ！」
ちびまる子ちゃんになって　→	「はいはい、わかりましたよ。アタシだってそんなにヒマじゃないんでね。へっ！」
クレヨンしんちゃんになって　→	「ごめんあそばせ～。きれいなおねいさん、さがしにいきますぅ～」
サザエさんのタラちゃんになって　→	「そうれしゅか～。いっぱいでしゅか～。またこんどきましゅ～～」
ハム太郎になって　→	「わかったのだ！　またくるのだ！　ハムハ～！」
おじゃる丸になって　→	「おっほ、ならよい。またさそってたもれ！」

◎気にしない心をつくる方法
- 「気にしませ～～ん」と言ってみる。
- 「外国語なんでよくわからないや」と思ってみる。

★いろんな「気にするな」って意味のことばがあるよ！★

「ええやん、べつに。気にせんとき」（大阪弁）　　「なんとかなるよ」（東京弁）
「なんくるないさー」（沖縄弁）　　「ネバーマインド」（英語）
「ケンチャナヨー」（韓国語）　　「マイペンライ」（タイ語）
「メイグワンシィ」（北京語）　　「ケセラセラ」（フランス語）

40 るす番していて電話がかかってきたとき

ひとりでるす番しているとき、知らない人から
お母さんに電話がかかってきた。
「るすです」と答えると、「急ぎの用事なので、
お母さんの携帯電話の番号教えて」って。
何か、あやしい……。こんなとき何て言う？

相手が困っているから親切にしなきゃと思ってお母さんの携帯電話の番号を教えてあげる？

ダメ、ダメ！
知らない人に電話番号なんか教えちゃ絶対ダメ。
つぎのように言うのがいいと思うよ。
「母から連絡させますので、すみませんがそちらの電話番号とお名前を教えてください」
本当に用事のある人なら、きちんと言ってくれるはず。「じゃあけっこうです」なんて言うのはますますあやしいぞ！

ワーク　つぎのような電話がかかってきたら、あなたは何て答える？

声　　：「あの〜、田中さんのお宅でしょうか？」（田中さんではないとする）
あなた：＿＿＿＿＿＿＿＿＿＿＿＿＿＿＿＿＿＿＿＿＿＿＿＿＿＿＿＿＿＿＿＿＿＿＿

> ★答え方とアドバイス★
> 「ちがいます」って、ていねいに答えるのがいいね。もっとていねいに答えようと「こちらは山田です」なんて名字まで答えてしまうのはダメだよ！

声　　：「あれ〜？おかしいな。田中さんじゃないの？」
あなた：＿＿＿＿＿＿＿＿＿＿＿＿＿＿＿＿＿＿＿＿＿＿＿＿＿＿＿＿＿＿＿＿＿＿＿

> ★答え方とアドバイス★
> 「何番におかけですか？」って言うのがいいと思う。
> もっとしつこく聞いてきたら、「こちらは田中ではありませんよ」って、切ってしまってもいい。個人情報を集めて、よくないことに利用しようとしている人がいるかもしれないからね。でも、相手はほんとうにまちがえただけかもしれないから、失礼がないように感じよく受け答えしておこうね。

声　　：「○○だけど、お母さんいる？」（知らない人の場合）
あなた：＿＿＿＿＿＿＿＿＿＿＿＿＿＿＿＿＿＿＿＿＿＿＿＿＿＿＿＿＿＿＿＿＿＿＿

> ★答え方とアドバイス★
> まったく知らない人に、かんたんに「るすです」なんて言っちゃダメだよ！
> こういうときは「今、そばにいません」でいいんだ。
> できれば、「どなた（どちらさま）ですか？」って聞いて、わすれないように名前をメモしておくといいよ。

声　　：「おうちの人、いつ帰ってくるの？」「どこに行っているの？」
あなた：＿＿＿＿＿＿＿＿＿＿＿＿＿＿＿＿＿＿＿＿＿＿＿＿＿＿＿＿＿＿＿＿＿＿＿

> ★答え方とアドバイス★
> よく知っている人なら答えてもいいけど、知らない人だったらこんな質問に正直に答える必要はないよ。「わからないのでかけなおしてください」と言って電話を切ろう。

41 だれかにていねいに言うとき

レストランに行ったら、ウェイターさんがボクに「何になさいますか？」って聞いてくる。

ハンバーグが食べたいんだけど……。こんなとき、何て言う？「ハンバーグ！」だけでも、相手にはわかるよね。

こういうのを"ひとことことば"っていうんだ。これでも通じることは通じるけど、ていねいなことばづかいじゃないよね。ハンバーグを注文したいなら、
「ハンバーグをお願いします」
「ぼくにはハンバーグをください」
って言えるようにしよう。だれかに何かをお願いするときには、ことばのさいごに「お願いします」や「ください」をつけよう。

ことばのさいご（語尾）をしっかりとつけるていねいな話し方を知っていると、大人になってもこまらない。ときと場合、相手におうじて使えるようにしようね。

ワーク　ていねいに答えてみよう。

<例>
飛行機の中で「お飲み物は何になさいますか？」と聞かれたら。
→オレンジジュースをください。

1. はじめて会ったお母さんの友だちから「こんにちは。お名前は？」と聞かれたら。
→

2. 本屋さんでさがしている本が見つからずにウロウロしていたら、店員さんに「何かおさがしですか？」と聞かれたら。
→

3. おべんとうを買って「はし、おつけしますか？」と聞かれたら。
→

4. お父さんの会社の人に「大きくなったね！　何年生になったの？」と言われたら。
→

5. 学校で、お客さまから「職員室はどこですか？」と聞かれたら。
→

6. 電車のきっぷをなくしちゃって、駅員さんに説明するとき。
→

7. 電車に乗ったんだけど、行き先をたしかめたい……。まわりの人に聞くとき。
→

★答えの例★

1. こんにちは！　〇〇です。／2. 〇〇という本は、どこにありますか？／3. はい、お願いします（いいえ、けっこうです）。／4. 〇年生です。／5. まっすぐ行ったつきあたりです。／6. きっぷをなくしちゃったんですけど、どうしたらいいですか？／7. すみません。この電車は、どこ行きですか？

42 お願いするとき

Tちゃんが読んでたマンガの本、貸してもらいたい。

人に何かをお願いするとき、どんな言い方をする？
たとえば、マンガの本を貸してほしいとき、
「貸せ」「貸せよ」「貸して」「貸してよ」「貸してね」「貸してくれる？」「貸してほしいんだけど」「貸してくれたらうれしいな」「借りてもいい？」
いろんな言い方があるね。ほかにもあるかもしれないね。感じがいい言い方はどれかな？
相手が先生や目上の人だったら、もっとていねいなことばづかいにしたほうがいいよね。

ワーク つぎのことばをいろいろな言い方で言ってみよう。

①見せてほしい

②返してほしい

③やめてほしい

④助けてほしい

⑤教えてほしい

◎友だちに言うときには？
① _____
② _____
③ _____
④ _____
⑤ _____

◎先生に言うときには？
① _____
② _____
③ _____
④ _____
⑤ _____

◎おじいちゃんやおばあちゃん、親せきの人に言うときには？
① _____
② _____
③ _____
④ _____
⑤ _____

43 言いにくいことを言うとき

「遊ぼう！」ってさそわれたけど、今日はちょっと……。何て断ったらいいかなぁ。

　こまったね。さそいにのりたいんだけど、きょうはムリ？　もしかして気がのらない？

　ことわるときって、事情があってしかたなくことわるときと、イヤだからことわりたいときがあるよね。

　理由によってことわり方も変わるよ。相手によっては、ことばづかいも変わる。でも相手を傷つけないようにことわらなきゃいけないのはどんなときでも同じ。言いにくいことを言うときの言い方、よく考えてみよう。

ワーク1　自分にあった言い方はどれかな？

◎さそわれたけど断りたいとき

- ありがとう……。でも今日は○○があるんだ。また今度ね。
- うれしいんだけど、今日はむりなの。またね。
- ざんねん！用事がかさなっちゃったからむりなんだ。明日なら遊べるけど、どう？
- ごめ〜ん、今日は○○があるんだ。
- わるい！

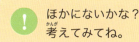
ほかにないかな？
考えてみてね。

◎たのみにくいことをお願いするとき

- お願いしたいことがあるんだけど……。
- もしよかったら、○○してくれるとうれしいんだけど……。
- ○○をたのみたいんだ。もしできるとしたら、いつだったらだいじょうぶ？
- ○○してくれると、うれしいな。

ワーク2　言いにくいことを言うときには、"クッションことば"を使ってみよう。

- ちょっと聞いてください。
- 言いにくいんだけど、聞いてくれる？
- 怒らないで聞いてね……。
- ちょっといいかな……。
- よ〜く考えたんだけど、やっぱり言うことにした……。
- 思いきって言うけど、じつはね……。

"クッションことば"は16ページを見てね。

感じよく言いたいとき

社会科見学のとき、大さわぎしているTくんたちに、注意をしたい。何て言ったらいいのかな？

　こんなとき「うるさ～い！」って、さけぶ？　それとも「めいわくになるよ」って、静かに注意する？　ときと場合によっては、はっきり言わなきゃならないかもしれない。

　でも、同じ意味でも、「静かにしようよ」とか「ここはみんながいるから、めいわくなんじゃない？」って、言うほうが感じよくない？

　「○○しようよ」「△△したほうがよくない？」というふうに、お願いの形にしたり、相談をもちかけるような言い方のほうがやわらかく聞こえる。断定したり命令するようなことばは、相手に反発の心を起こすことがあるからね。

　同じことでも、できるだけ肯定的（その通りだと認める）な言い方で言うと、相手を傷つけずに感じよく聞こえるよ。

ワーク1

つぎのことばを、お願いの形にしたり、相談を持ちかけるような言い方に変えてみよう。

例）うるさい！→静かにしてくれる？

1. このマンガは、貸せない！→

2. 遅いんだよ！→

3. 土曜日は、ムリ！→

4. だまれ！→

ワーク2

つぎのことばの、どちらのほうが感じがいいかな？○をつけてみよう。

（　）3時まで、遊べないんだ。
（　）3時からなら、遊べるよ。

（　）このドアは、通れません。
（　）となりのドアを通ってください。

（　）芝生にはいるな。
（　）芝生を大切にしてください。

（　）トイレを汚すな。
（　）いつもきれいに使ってくれて、ありがとう！

★答えの例★

1. このマンガは貸せないんだけど、べつのじゃダメ？
2. もう少し、急いでくれる？
3. 土曜日じゃない日にしてくれない？
4. 今はだまっててほしい。

5W1Hトレーニング

からだやケガのぐあいを説明しよう

　学校で、とつぜんおなかがいたくなったり気分が悪くなるときってあるよね。てつぼうから落ちたり、マット運動をしていて背中を強く打ったり、休み時間や授業中にケガをすることだってある。そんなとき、保健室に行ってどんなふうに、説明したらいいかな？
　「トレーニング21　ややこしいことを説明するとき」（54ページ）を使って、どんなことを、どのように伝えたらいいか考えてみよう。

■人に事実を伝えるときのポイントを思い出そう
　Aグループ　　：「いつ」「だれが」「どこで」「なにをした」
　Bグループ　　：「どのように」「どうして」

　・いつから？　　　　夕べから、2時間目の授業のときから、30分くらい前から……
　・どこが？　　　　　頭、おなか、むね、せなか、足……
　・どこで？　　　　　体育館で、ろうかで……
　・どんなふうに？　　ズキズキ、ぎゅーっと、チクチクと……
　・どうした？　　　　いたい、息ができない、はき気がする……

■練習問題
サッカーの練習が終わってから足がいたむ。さあ、どう説明する？

45 話の聞き方にもいろ

　友だちと話しているときに、楽しくてどんどん会話がすすむ場合と、会話がとぎれたり、つまらなく感じてしまったりする場合があります。それぞれの会話の仕方に、どんなちがいがあるのでしょうか。
　楽しく会話がはずむのは、相手がうなずいたり、あいづちを打ってしっかりと話を聞いてくれるときです。ひとつの話題について、たずねたり、たずね返したりしながら話がすすむときは、楽しいものです。
　会話をするときは、まず相手の話をしっかりと聞きましょう。そのう

1 しっかりと聞こうとしていますか？

❶ ねぇ、わたし、美容師になりたいと思ってるんだ。どう思う？

❷ いいんじゃない。みかちゃんがなりたいって思うんなら。

❸ わたしがカットしたお客さんが、きれいになったらうれしいもの。

❹ …………。

❺ 美容師っていい職業よね。もう、けんじ君たら、聞いているの!?

❗ 話し手の顔を見て話を聞いていなかったり、何かしながら答えたりしていると、話し手は、聞き手が自分の話をしっかり聞いてくれないように感じます。

2 うなずいたり、あいづちを打って聞きましょう

❶ ねぇ、わたし、美容師になりたいと思ってるんだ。

❷ へぇ、美容師になりたいんだ～。みかちゃんは手先が器用だから、美容師にむいていると思うよ。

❸ えっ、ほんとうにそう思う？なんだか自信がわいてきたわ。

❹ うん。ほんとうだよ。

❺ ありがとう。わたし、いっぱい勉強して美容師になろう！お客さんに喜ばれるような美容師になるようにがんばるわ。

❻ うん、がんばって！みかちゃんなら、きっとなれると思うよ。

いろある

えで自分と違う点や共通点を見つけてみましょう。聞いたことについて感想を述べたり、わからないことを質問するのもよいでしょう。「そのとき、どんな気がしたの？」などと、相手に質問をしながら話を聞いていくと会話がつづきます。
　相手が話しやすい「聞き方」を心がけると、楽しく会話が広がったり深まったりします。

- ●人の話をじょうずに聞こう
- ●自分の気持ちをじょうずに伝えよう
- ●自分で考えよう・みんなで考えよう

３）ちゃんと受けて、答えていますか？

① ねぇ、わたし、美容師になりたいと思ってるんだ。どう思う？

② ふ〜ん、美容師…。このプラモデル、結構むずかしいな。

③ 美容師って、夢のある職業だと思うんだ。だって、お客さんが喜んでくれたらうれしいし…。

④ あれ〜、ボンドどこに置いちゃったかな。困ったな。

４）相手に質問をしたりして会話を広げましょう

① ねぇ、わたし、美容師になりたいと思ってるんだ。どう思う？

② へぇ、美容師になりたいんだ。みかちゃんは手先が器用だから、美容師にむいていると思うよ。

③ えっ、ほんとうにそう思う？なんだか自信がわいてきたわ。

④ うん。ほんとうだよ。だけど、みかちゃんは、なぜ美容師になりたくなったの？

⑤ ええ。それはね。お客さんがきれいになって喜んでくれたら、わたしもとってもうれしい気持ちになるわ。そして、もっとがんばろうという気持ちになると思うの。なんかステキじゃない。

⑥ ふ〜ん。お客さんが喜んでくれる姿で、自分ががんばろうと思えるすごくやりがいのある仕事だと、思っているんだね。

⑦ うん、そうなの。けんじ君は、将来どんな職業につきたいと思っているの？

人の話をじょうずに

じょうずに人の話を「きく」…ということは、どういうことでしょうか？
話を「きく」…と言いますが、漢字では、「聞く」とも「聴く」とも書きます。とくに「聴く」という漢字に注目してみましょう。この漢字を分解してみると、「耳・十・目・心」になります。つまり「聴く」は、「耳と目と心を十分に使って相手の話を受けとめましょう」ということを示しています。
人と人とがコミュニケーションするとき、よりよい話し手になるため

1 まず話を聞いてもらえない体験をしてみましょう

① あのね、昨日サッカーの試合があって、ぼくがシュートを決めたんだよ。

② ……。

③ ねぇ、ちゃんと聞いてほしいんだけど…。

❗ 2人1組になります。ひとりが話をする人、もうひとりが話を聞く人になります。話し手が話す1～2分くらい、聞き手の人が横を向いたり、うつむいたりして話し手の話を聞かないそぶりをしましょう。

2 話を聞いてもらえないときの気持ちを、話し合ってみましょう

❗ おたがいに聞き手と話し手の役割を交代して同じことを体験してみましょう。その後に、きちんと話を聞いてもらえなかったときの気持ちを話し合ってみましょう。

① なんだか、無視されているようでいやだった。

② きちんと、こちらを見て聞いてほしい。

③ なんか話す気持ちがなくなってしまうなぁ。

聞くには…

には、まず自分が、よりよい聞き手にならなければなりません。じょうずに聞くことが、じょうずに話すことにもつながっていくからです。
　ここでは、話を心からおたがいに「聴き合う」体験を通してじょうずに話を聞くことを考えてみましょう。

●人の話をじょうずに聞こう

●自分の気持ちをじょうずに伝えよう

●自分で考えよう・みんなで考えよう

3 どのような話の聞き方がよいかを、話し合ってみましょう

> どんな様子のとき、話を聞いてもらっていると感じるでしょうか。「相手の目をよく見て聞く」「話し手の話に合わせてうなずく」「よくわからないときは質問をする」「話の内容がよくわかると目で合図する」など、聞いているということを、行動や態度で示すとよいことがわかります。2人1組で行ないます。

① 相手の話の内容がわかるときは、あいづちを打つといいね。ふんふん、なるほどって…ね。

② 話を聞くときは、相手の方を見るといいよ。

③ 話の内容がわからないときは、質問するといいね。

④ 話の内容でわかったことを相手に伝え、確かめながら聞くのがコツよ。

4 じょうずな話の聞き方を、練習してみましょう

> 話を聞いているということを話し手にわかるように、少し意識して相手の話を聞いてみましょう。おたがいに役割を交代しながら体験してみましょう。最後に、じょうずな聞き方で聞いてもらえたときの気持ちを、話し合ってみましょう。

① 昨日、"調べ学習"で図書館へ行ったよ。

③ あきら君ときよみさんと3人で、行ったんだ。

⑤ そうだよ。こんど、クラス全員の前で発表するんだ。

② ふ〜ん。だれと行ったの？

④ ふんふん、なるほど。同じ班の人なのかな。

47 落ち込んでいる友だち

仲のよい友だちや、クラスの友だちが、落ち込んでいたり、元気がなかったりすると、心配になりますね。「どうしたのだろう」と気になったり、「なんとか力になってあげたい」と思ったりするはずです。落ち込んでいる友だちも、「だれかに話を聞いてもらいたい」とか「元気づけてほしい」などと思っているかもしれません。でも、どうやってはげましたらよいのか、考えてしまいますね。相手の様子を見ながら、まず、声をかけてあげましょう。それだけで、相手はほっとしたり、安心したりするでしょ

1 様子を見ながら、声をかけましょう

①何か、いつもと様子がちがうようだったら、どうしたのか聞いてみましょう。
②相手の様子をよく見ましょう。
③話したくなさそうなときには、無理に聞き出さないようにします。

2 話をよく聞きましょう

相手の話をよく聞いてあげましょう。相手がじゅうぶん話すまでは、あまり口をはさまないほうがよいです。

の話を聞くには…

う。
　つぎに、話をゆっくり聞いてあげましょう。友だちの話をよく聞き、できるだけ気持ちをわかってあげましょう。そのうえで、あたたかいことばをかけてあげます。相手の肩に軽くふれたり、手をそえたりするのもよいでしょう。あなたがその友だちのことをほんとうに考えている、という気持ちが伝わることが大切なのです。

3　相手の気持ちをわかってあげましょう

①つぎに、相手の気持ちをいっしょに感じて、ことばにしてみましょう。相手のことばをくり返したあと、気持ちを察して言うとよいです。
②相手の表情や反応を確かめながら、相手の気持ちに一番近いことばを考えましょう。

4　あたたかいことばをかけましょう

①いっしょに、どうしたらよいか、考えることが大切です。
②気持ちを切りかえて、話をほかの方へ向けるのもよい方法です。

48 悩んでいる友だちの

みなさんは、友だちが悩んでいるとき、どうしますか？ どうしていいかわからずに知らんぷりしている人もいるかもしれませんが、大部分の人が「どうしたの？」と声をかけるでしょう。そうです。友だちに元気がないと、とても心配になりますね。

まずは、声をかけてあげましょう。そして、相手の気持ちになって、ゆったりと話を聞いてあげましょう。それだけで友だちの心は、落ち着いてくるはずです。

1 相手の気持ちになって、声をかけていますか？

① じろう君、元気ないけどどうしたの？
② うん、じつはさゆりちゃんに借りていた本を、なくしちゃったんだ。
③ そんなの簡単だよ。「ごめんね」って言えばいいじゃない。
④ えっ、…言えないよ。

⚠ 人間は、自分の力で解決する力を持っています。困っている友だちの話をじっくりと、そして、相手の身になって聞いてあげることによって、解決の方法も見えてきます。

2 解決する方法が見つかるよう、相手の身になって聞いてあげましょう

① じろう君、元気ないけど、どうしたの？
② うん、じつはさゆりちゃんに借りていた本を、なくしちゃったんだ。
③ そう…。それは困ったわね。その本は、どこで読んでいたの？
④ ぼくの部屋とリビングで読んでいたよ。それから、塾へ持っていったこともあるけど…。
⑤ そう。部屋とリビングはさがしてみた？
⑥ もちろん。塾でもさがしたけど、ないんだ。
⑦ まあ、そうなんだ。どうするといいのかな？
⑧ やっぱり、さゆりちゃんに正直に話すしかないよね。…そうしよう。

話を聞くには…

　また、話を聞くときは、相手の方を見てうなずきながら、しっかりと聞いてあげることが大切です。あいづちを打ったり相手のことばをくり返したり、場合によっては、「つまり○○さんの言いたいことは、こういうことだね」と、まとめてあげることです。そうすれば、悩みを解決する方法が見つかって、それに向けて自分から努力できるようになります。
　ただ自分たちだけで解決できないことについては、必ず大人に相談するようにしましょう。

3 自分たちだけで解決できないときもあります

① すぐる君、元気ないけど何かあったの？

② いや…べつに。

③ いつものすぐる君らしくないよ。ごまかそうとしても、わかっちゃうんだから。

④ しんたろうには、ごまかしがきかないな。じつは、このシャープペンをA店から持ってきてしまったんだ。とちゅうでお店の人に見つかっちゃったんだけど、逃げてきちゃったんだ。

⑤ えっ！ とってきちゃったの？A店の人、ぼくたちのことよく知っているじゃない。それはよくないよ〜。

⑥ う…ん。そうだよね…。どうしよう。

4 迷ったり、解決できないときは、身近な大人に相談しましょう

① …ねぇ、まず、お母さんに話してみようよ。きっと相談にのってくれるよ。

② そんなこと言えるわけがないだろ。怒られるの、決まっているんだから。

③ でも、そのままにしておくわけにはいかないよ。まず、話そうよ。いいようにしてくれるよ、きっと。

④ …うん、わかった。しんたろうの言うとおりだね。ぼく、お母さんに話してみるよ。

!　解決がつかなかったり、どうしていいか迷ったりしたときは、けっして投げ出さずに、先生や両親など、自分たちを大切に思っている大人に相談しましょう。必ず、どうしたらいいか、一番いい答えを出してくれます。

- 人の話をじょうずに聞こう
- 自分の気持ちをじょうずに伝えよう
- 自分で考えよう・みんなで考えよう

49 泣いている友だちの

　泣いている友だちに、どんなことばをかけていますか？　もしかしたら無理になぐさめようとしたり、泣きやむまで説得しようとしてはいませんか？　一番大切なことは、友だちを助けてあげようと心から思うことです。友だちを思う心です。友だちが自分で立ち直ろうとすることを応援しようとする心なのです。そのうえで、ふさわしいことばを選びます。

　どんなことばをかけたらいいかは、友だちの泣き方でもちがってきます。じっさいに声に出してことばをかけた方がいい場合もありますが、声

1 激しく泣いていたら…

- そばにいるからね。
- ハンカチ、使っていいよ。

！ 相手がこたえられないほど激しく泣いているときは、あまり話しかけないで、静かになるまで待ちます。

2 静かに泣いていたら…

- 話しにくかったら、教室から出ようか？
- 話せるようになったら、話してね。

！ そばに近づいて、話してくれるまで待ちます（見守る…という感じです）。

話を聞くには…

に出さず心の中でことばをかけた方がいい場合もあります。泣いている友だちが自分で話ができるようになるまでは、そっとそばにいてあげましょう。そして友だちが落ち着いてきたら、やさしいことばを少しだけかけてあげます。十分話せるようになってきたら、やさしい態度で話を聞いてあげましょう。

急がず、無理をせず、少しずつできることをはじめましょう。

●人の話をじょうずに聞こう
●自分の気持ちをじょうずに伝えよう
●自分で考えよう・みんなで考えよう

3) 話せるようになったら…（1）

話を聞いてあげましょう

うん、うん…。

①やさしい目で。動作は相手に合わせて。
②肩に手をおくなど、スキンシップをとる。

4) 話せるようになったら…（2）

ことばをかけてあげましょう

つらかったんだね。

心配だったよ。

よかったらもっと話して。

たいへんだったね。今日も一緒に帰ろうよ。

何かしてほしいことがあったら言ってよ。

50 イライラしている友だち

　イライラしている友だちがみなさんのまわりにいたら、みなさんはどうしますか？　かかわりたくないために、その場から席をはずしてしまう人もいるでしょうが、たいていの人は、気になって声をかけるでしょう。
　イライラしている原因がわかっている場合はいいのですが、それがわからないときには、話を聞きながら原因を整理してあげるとよいでしょう。そのためには、根気強く話を聞いてあげることが大切です。
　たとえば、自分の経験を話したりするのもよいでしょう。それがきっ

1 イライラしている友だちを、非難するだけに終わっていませんか？

悪い例

① ………。
② しんや君、何かあったの？　イライラしているみたいだけど。
③ いや、べつに！
④ なんか、感じ悪いわね。勝手にすれば！

2 何に対するイライラなのかを、整理してあげましょう

よい例

① しんや君、何かあったの？　イライラしているみたいだけど。
② べつに！
③ そうかなぁ…。わたしなんかさ、塾の模試の結果が悪くて、昨日お母さんに、ひどくしかられちゃったの。もう最悪だわ。
④ えっ、まきちゃんもしかられたの？　ぼくのお母さんなんか、ぼくががんばっていることなんかちっとも認めてくれないで、勉強がたりないって文句ばっかり言うんだ。もう、やになっちゃうよ〜。
⑤ ほんとうにやになっちゃうわね。そうか、しんや君がいつもとちがう感じがしたのは、そんなことがあったからなのね。
⑥ ぼく、そんなにイライラしていたかな。

! 自分の経験を話したりすれば、相手もすすんでイライラの原因などを話してくれるようになります。

の話を聞くには…

かけで、友だちも自分の思いを話せるようになる場合もあります。話し出してくれたら、問題の8割は解決です。そのあとは、その問題の原因をいっしょに考えてあげることです。

解決の方法までいっしょに考えてあげられるよう、心に余裕を持って話を聞いてあげましょう。

3 ほんとうの原因に、気づこうとしていますか？

悪い例

① あっ、痛い！何でこんなところに椅子なんか置いてあるんだよ。

② まったくだわ！じゃまだったらありゃしない！

③ おまけにネジがはずれていて、ガタガタしているぞ。じゃまなんだよ。こんな椅子いらないよ。

④ そうそう。こんな椅子いらないわ。

⚠ 置いてある椅子が悪いのでしょうか。それとも、椅子にぶつかった自分が悪いのでしょうか。こんなときは、「だいじょうぶ？　痛かったでしょう。気をつけて歩いてね」と声をかけ、相手の失敗に気づくようにさせることが大切です。

4 イライラの原因をとりのぞく方法を、しっかり考えましょう

考えるためのヒント

1 寝不足や空腹のためのイライラ → 生活習慣を見直しましょう

2 テストの点数がよくならないために起こるイライラ → 学習方法を変えたり、工夫しましょう

3 友だちとケンカをして解決できない、自分自身に対するイライラ → 勇気を出してその友だちに話しかけてみましょう。また他の人に仲裁してもらいましょう

4 友だちにいじめられたり、仲間はずれにされたりして起こるイライラ → 自分一人で解決できなかったら、先生や親に相談しましょう

51 いじめにあっている

　いじめは、許してはいけないことです。ぜったいにしてはいけないことです。もし、あなたの友だちがいじめにあっていることを知ったら、あなたはどうしますか？　いじめにあっている友だちに対して何もしてあげられないというのでは、ほんとうの友だちとはいえません。でも、あなたひとりですべてを解決するわけにもいきません。友だちのために、自分ができることは何かを真剣に考えてみましょう。
　大切なことは、友だちがいじめのつらさから抜け出すお手伝いをする

1 「心」から話を聞いてあげましょう

① わたしばっかり、何で、いつもいつもいじめられなくちゃならないの？
② そうだよね…。ほんとうにおかしいよね。
③ このまえなんか、靴をかくされちゃって…。
④ うん、うん。それで…。

❗ そばに寄って。相手が話す雰囲気に合わせるようにして、心から聞いてあげます。

2 「気持ち」をことばにしてあげましょう

① 学校に来たら、机に落書きされていたの。
② それはショックだよね。
③ まわりのみんなが笑ったの。
④ つらかったよね。

❗ 相手と同じ目線で。手をつなぐなど、スキンシップをとります。

友だちの話を聞くには…

ことです。その子が、またべつのいじめにあったときには、同じように自分で解決していけるよう、力を貸してあげることです。友だちがたくましく成長していくお手伝いをするということです。

するとお手伝いができたあなた自身も成長することができるのです。

友だちに力を貸してあげることは、あなたが成長していく力をもらうということにつながっていきます。

- ●人の話をじょうずに聞こう
- ●自分の気持ちをじょうずに伝えよう
- ●自分で考えよう・みんなで考えよう

3 「わたしは…。ぼくは…。」で話しましょう

- わたし（ぼく）は、あなた（君）のこと心配だよ。
- わたし（ぼく）は、あなた（君）に元気になってほしいな。
- わたし（ぼく）は、話しあった方がいいと思うよ。

❗「わたしは」「ぼくは」で話しかけると相手を大切にする気持ちが伝わりやすくなります。

4 解決法は、本人に選んでもらいましょう

1. 個人的に話す？それとも、ほかの友だちもいてもらって、2、3人で話す？
2. わかんない…。
3. 学級会で話す？
4. いやだなあ、わたし…。
5. それなら、先生にまず話してみようか。
6. うん、そうした方が、わたしもいいと思う。

117

52 友だちを元気づけて

　自分のことを友だちや家族や先生にほめられると、とてもうれしくなりますね。そのひとことで、やる気が増したり、自信がついたり、やってよかったと満足したりします。一日中、明るい気分ですごせた経験もあるでしょう。だれでも同じことがいえます。友だちがすごいなと思っても、それをことばに出すのは少し勇気がいりますが、思いきって声に出してみましょう。相手の喜ぶ顔を見て、あなたもきっとうれしくなりますよ。
　じょうずにほめるには──①友だちの様子をふだんからよく見て、②

1 ほんとうに自分が感じたことを、ことばにしましょう

わーっ、字がじょうずだねえ。

!①気がついたら、すぐにほめましょう。
②たったひとことでも、気持ちがこもっていると、相手はとても喜びます。

はやぶさ跳びができるなんて、なわ跳び、うまいね！

!①相手の様子をよく見てほめましょう。
②相手をいつもよく観察していると、「まえより、とてもうまくなったね」と、変化についてもほめることができます。

2 相手の話をよく聞いて具体的にほめてみましょう

❶ 昨日、サッカーの試合があったんだ。

❷ ふ〜ん。それで、結果は、どうだったの？

❸ ぼくが2点入れたんだ！2対1で勝ったよ。

❹ 2点も入れたなんて、すごいね。さすがしんじ君！

!①質問をして、相手の話をさらにくわしく聞き、それについてほめましょう。
②相手の会話の中からほめることばを選んで、そのことばをくり返して言ってほめると、相手は、何についてほめられたかはっきりして、うれしくなります。

あげるには…

友だちの話をよく聞いて、③ちょっとしたことでも気がついたらすぐにことばにする、というのが、ポイントです。
　友だちのよいところやすごいところがたくさん見つけられる人は、心もすてきな人です。いろいろなことばで、友だちをほめてあげましょう。それがきっかけで、友だちともっと仲よくなることもあります。

> **友だちをほめることばはたくさんあります**
>
> うまいね／すごいね／やったね！／プロ級／天才！／いいね／さすが／かっこいいね／おみごと／ナイス！／じょうず／きれいにできたね／早いね／よかったよ／感心するね

●人の話をじょうずに聞こう

●自分の気持ちをじょうずに伝えよう

●自分で考えよう・みんなで考えよう

3 ほめるときは、態度でも表しましょう

> ❗
> 《声は》…… 相手に聞こえる声で
> 　　　　…… はっきりした声で
> 　　　　…… 明るい声で
> 《顔は》…… にこにこ顔で
> 《目は》…… 相手の顔を見て
> 《場所は》… 相手の近くに行って

「リレーで1位になって、よかったね。」

「リコーダーが、じょうずね。」

4 体を使ってほめましょう

拍手をする　　**手をとる**　　**手をならす**　　**肩をポンポンとたたく**

イエ〜イ

すごいね

よかったね

やったね

❗ 仲よしの友だちや、ほめる内容によっては、手をとったり、握手をしたりしてみましょう。

53 そうですね！

友だちの話をじょうずに聞く練習をしてみましょう。「ふ～ん、うん、そうなの、そうだよね、へぇー、あぁそうか、そうですね、そうですか、わかりました…」など返事をしながら聞くことが大切です。友だちの話をよく聞いて、一番ぴったりのことばで返事ができるとよいですね。

視線や、顔の表情、姿勢も大切です。ニコニコしながら、相手の方に体を向けて、ときどきうなずきながら返事をすると、相手も喜んでくれます。

また、反対に聞いている人にうまく返事をしてもらうと、どんな気持ちなのかも体験してみましょう。

◎ ねらい

- 友だちの話をじょうずに聞くためには、聞く態度に加え、あいづちを打ちながら、聞く必要があることをゲームを通して学ばせます。
- 同時に、相手にじょうずに聞いてもらうと話し手もうれしい気持ちになることを体験させます。

◎ ゲームの展開

1 だんまり…の巻

❶ 4～5人のグループで輪になります。
❷ ひとりずつ…「これ（あれ）は、○○です」とほかのみんなに話しかけます。（○○は、部屋の中にあるものなら、なんでもよいです）
❸ ほかの人は、絶対にうなずいたり、返事をしたり、声を出したりしません。
❹ 時間は1分間です。はい、はじめましょう。
　例 ・「これは、机です」
　　　・「これは、ノートです」
　　　・「あれは、花びんです」
　　　・「……」
❺ 感想をのべ合いましょう。
　例：「一生懸命言っているのに、返事をしてくれないので、変な気分だった」…など。

クラスでチャレンジ！ コミュニケーション・ゲーム

2 そうですね…の巻

❶ 1 のゲームの後、「だんまり」はやめて、何と言えばよいかをみんなで考えてみましょう。
　例：「うん」「そうだね」「ふーん」…など。
❷ つぎに、「これ（あれ）は、○○です」とひとりの人が言ったら、みんなで「そうですね」と返事をしてみましょう。
❸ 気をつけることを話し合いましょう。
　例：「話している人の目を見て、聞く」「笑顔で、言う」「うなずきながら、言う」…など。
❹ 時間は2分間です。はい、はじめましょう。
　例・「給食は、おいしいです」←「そうですね」（みんなで）
　　・「校庭は、ひろいです」←「そうですね」（みんなで）
❺ 感想をのべ合いましょう。
　例：「返事をしてもらったので、安心した」…など。

❕ 中学年以上は、「○○は、△△です。」を基本形とし、「いちごは、あまいです」「雪は、冷たいです」…など、話す内容を広げます。聞く人が気をつけることを、ゲームの前に話し合います。

3 よく聞いて…の巻

❶ 2 と同じ方法ですが、ひっかけ問題にしてみましょう。
❷ 「○○は、△△です」と言ったときには、みんなで「そうですね」と返事をします。「△△です」だけのときには、だまっていましょう。一度もひっかからなかった人が勝ちです。
❸ 時間は1分間です。はい、はじめましょう。
　例：「りんごは、赤いです」←「そうですね」（みんなで）
　　「ボールです」←「……」
❹ 話をよく聞いて、必要なときにあいづちを打つ練習をします。

4 「そうですね」の輪…の巻

❶ 2 と同じように、みんなで「そうですね」の返事をします。
❷ 話す人は、リレー形式で文にことばを加えていきます。
　例：「アイスクリームは、甘いです」→「アイスクリームは、甘くて、冷たいです」→「アイスクリームは、甘くて、冷たくて、白いです」→「アイスクリームは、甘くて、冷たくて、白くて、おいしいです」→「アイスクリームは、……」
❸ だんだん長くなって、前の人が言ったことを覚えて言うことが大変になりますが、正確に言えたら、みんなで「そうですね」と言います。

❕ あらかじめ、あとのことばがつけ加えやすい主語を選んでおきましょう。しだいに人数を増やしていくと、さらに面白くなります。

Point

106ページの上手な聞き方の学習をしてから行なうと効果的です。
2 の「そうですね…の巻」では、文の内容は問わないので、あまり深く考えずに、目についたものなどつぎつぎにことばにするようにします。「そうですね」の言い方にもいろいろありますので、はじめる前に言い方を確認しておきます。

3 は、リーダーが話すことに対して、みんなで返事をする方法でもよいでしょう。
4 は、高学年なら、人数を多くして記憶力を試すのも面白いです（その場合は、最後の方が難しいので、グループ内で順番を考えさせます）。1グループずつみんなの前で行ない、全員で「そうですね！」と言ってもよいでしょう。

●人の話をじょうずに聞こう
●自分の気持ちをじょうずに伝えよう
●自分で考えよう・みんなで考えよう

54 インタビューをしてみよう

同じクラスや集団にいても、あまり話したことがなかったり、最初の印象で相手の性格や人がらを決めつけてしまっていることがよくありませんか。それはせっかくのコミュニケーションの機会を、せばめてしまうことになります。

そこで、友だちにインタビューをしてみましょう。このゲームをとおして、今まで交流の少なかった人や敬遠しがちだった人などと意図的に接する機会をつくり、クラスや集団の活性化をはかります。「あの人にはこんな一面があったんだ」「思いもよらない特技を持っているんだなあ」など、友だちのよさに気づくことがあります。そして友だちとのコミュニケーションの幅が広がっていきます。

◎ ねらい

- インタビューの活動をとおして、コミュニケーションの練習（質問する、答える、話を聞く、知り合う、仲よくなるなど）を行ないます。
- 日ごろあまり会話を交わすことのない友だちと、すすんでコミュニケーション（やりとり）をしてみます。
- 自分らしさに気づき、おたがいの個性のちがいを知り、おたがいを尊重する気持ちや態度を身につけることができます。

◎ ゲームの展開

1 「自分カード」をつくりましょう

1. 最初にＢ４サイズの画用紙などを、ひとりに１枚用意します。
2. この画用紙を使って、自分のことについて書き出すカードをつくります。
3. 3度折って（縦１回、横２回）横長の長方形のマスを８つつくります。
4. １番目のマスには、自分の似顔絵をかきましょう。
5. ２番目から８番目のマスには、質問の項目にしたがって、自分の答えを記入していきましょう。
6. 質問項目は——
「自分の一番大切にしているもの」／「自分の一番好きなもの（スポーツ、食べ物、あそび、動物、テレビ番組、タレント、勉強など）」／「自分の苦手なもの」／「自分が一番ほしいもの」／「自分の家族のこと（家族全員でもその中のひとりでもよい）」／「自分の将来の夢」／「自分の名前について」／「最近あったうれしかったできごと」…などから、７項目のこたえを書き込んでいきます。
7. 文でも絵（イラスト）でも、いいです。

クラスでチャレンジ！ コミュニケーション・ゲーム

●人の話をじょうずに聞こう

●自分の気持ちをじょうずに伝えよう

●自分で考えよう・みんなで考えよう

2 グループを決め、インタビューを「する人」「される人」の順番を決めましょう

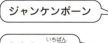

❶カードに自分のことを書き終えたら、グループづくりに入り、ゲームを行ないましょう。
❷4〜5人程度のグループに分かれて、インタビューする人とインタビューされる人の順番を決めましょう。

3 質問をひとつ選んで、メンバー全員へ…

❶最初にインタビューする人は、質問項目の中から質問することをひとつ選んで、メンバー全員へ順番にインタビューをしていきましょう。
❷インタビューを受ける人は、カードに書かれているとおりに答えてもいいですし、つけ足してもいいです。決められた時間内に全員にインタビューをします。
❸合図で、ゲームを終了します。

> ⚠ おもちゃのマイクなどを用意しておくと、インタビューの雰囲気が出ます。

4 インタビューする人と、される人を順番に交代して…

❶最初の人、つぎの人と、順番にインタビューする役割を交代して、同じことをくり返していきましょう。
❷7つの質問項目からひとつ自由に選ぶのも同じです。全員にインタビューの順番がまわるまで行ないます。

> ⚠ メンバー全員が一巡したら、グループの組み合わせを交換して、新しいグループのメンバーで再度行なってもよいです。

5 みんなでふり返り、感想を伝え合いましょう

❶ゲームをふり返ってみましょう。
❷内容について感じたこと、新しい発見やよかったことなどを、感想として伝え合います。

Point

（1）いつもの仲よしグループの友だちでなく、交流の少ない子ども同士が組み合わせとなるような配慮が必要です。また、友人関係に課題を抱えている子どもについては、だれとでも公平にかかわれる子どもを同じグループに配置することを心がけ、リーダーは進行具合に注意を払いながら行ないましょう。
（2）このゲームでは、コミュニケーションを楽しむことに主眼をおき、積極的なやりとりをねらいます。質問項目に書かれていないことをアドリブでインタビューしていくような工夫もできます。
（3）時間的に余裕がある場合は、メンバー同士のカードを交換し、読み合ってみることで、おたがいが知らなかったそれぞれの一面に理解を深めることもできます。

55 キングとクイーンのマジックチェア

みなさん、人にほめられることが意外と少なくて、つまらない思いをしていたこと、ありますよね。ほめてもらいたいときにほめられると、うんとうれしくなるし、がんばろうという気持ちになります。

ここでは、みんなで、ひとりの友だちのよいところを見つけて、その友だちをうんとほめてあげるゲームを行ないます。

特別な椅子（マジックチェア）に座ったひとりが、たくさんの友だちからほめことばを受けます。受けとったその友だちは、自分には思いもよらないよさがあることに気づくことができます。「私にもこんないいところがあったんだぁ」と、自信がわいて、ふしぎと自分を大切にする気持ちが生まれます。

みんなで順番に、この椅子に座ってみましょう。するとまかふしぎ！ 友だちをほめる喜びも感じてきます。さあ、体験してみましょう。

◎ねらい

- 自分へのいろいろな肯定的メッセージを、素直に受けとることによって、自分のよさに気づき、友だちに対して感謝の気持ちを持てるようになります。
- みんなが、ひとりの友だちのいろいろなよさを見つけます。ほめことばをプレゼントする体験をとおして、その友だちを尊重する心をはぐくみます。

◎ゲームの展開

1 何かが、はじまる…？

❶リーダーは、特別な椅子・マジックチェア（ソファーなど）を1脚用意します。その椅子をかこむようにみんなで座ります。

2 マジックチェアって、何？

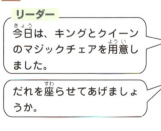

❶リーダーは、マジックチェア（ソファーなど）を用意した理由を説明します。
❷マジックチェアに座った人をみんなでほめてあげるゲームを行なうことを知らせます。

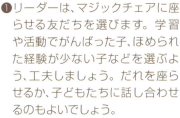

クラスでチャレンジ！ コミュニケーション・ゲーム

●人の話をじょうずに聞こう

●自分の気持ちをじょうずに伝えよう

●自分で考えよう・みんなで考えよう

3 ほめられる友だちを決め、ほめことばを考えましょう

リーダー
マジックチェアに座る人を、みんなでほめてあげようと思うんだけれど、だれがいいですか。

ぼく、あまりほめられたことないから、座りたいなぁ。

よしこさんは、友だちに親切だから座らせてあげたい。

はずかしいから、やだよ。

よしこさんのよいところって、どんなところかなぁ…。

そうだなあ、よしこさんは、だれにでも親切にしてくれる…。

よしこさんは、だれにでもやさしく話しかけてくれる…。

❶リーダーは、マジックチェアに座らせる友だちを選びます。学習や活動でがんばった子、ほめられた経験が少ない子などを選ぶよう、工夫しましょう。だれを座らせるか、子どもたちに話し合わせるのもよいでしょう。

❷リーダーは、マジックチェアに座っている子に、ほめことばをプレゼントすることを伝えます。子どもたちは、ほめことばが思い浮かんだら、ほめられる人の気持ちを考えつつ、ほんとうに喜んでもらえることばになるよう考えます。

4 心からほめましょう。ただし無理は禁物です

リーダー
椅子に座っている人は、何を言われても黙って聞いていてください。最後に言いたいことがあったら言ってください。感想や感謝のことばでもいいですよ。

この間、忘れ物をしたときに、ぼくが困っている顔をしたら、声かけてくれた。

友だちとけんかしたときに、なぐさめてくれたよ。

あの……。

リーダー
今日ほめことばが思い浮かばないようだったら、つぎのときにがんばろうね。

ポッ

❶リーダーは、友だちが順番にマジックチェアに座っている子のところに行って、その子の肩に両手をのせ、みんなの方を向いて大きな声でほめことばを伝えるようにうながします。

❷リーダーは、あまりうまくほめことばが言えない子がいたときは、けっして発言を強制せずに、交代させてあげましょう。

5 友だちにほめてもらったときの気持ちや感想を伝えましょう

リーダー
たくさんのほめことばをもらって、どんな気持ちでしたか？

自分の気づかなかったよいところを言ってもらえて、とてもうれしかった。

❶最後に、リーダーは、椅子に座ってほめことばを受けとった子から、ほめてくれた友だちへ、感謝の気持ちを伝えるようにうながします。

Point

（1）マジックチェア（ソファーなど）を出すときは、子どもたちに目をつぶらせて目を開けると目の前に椅子があるなど、突然出てきたように演出すると楽しくできます。
（2）学級活動の時間などを利用して、学級の全員が1度は座れるように配慮し、みんなからほめられる体験をさせてあげることが基本です。
（3）このゲームをくり返していくと子どもたちは日常生活の中で友だちのよさを見つける視野を広げ、いろいろな視点で友だちをほめることができるようになります。
（4）「こんどはだれの番かな」というひとりひとりの期待感が友だちのよさを見つけようとする効果を生みます。おたがいのよさを認め合い、尊重し合う心を育てます。
（5）毎日の学校生活の終わりに、その日一番がんばって取り組んでいた子どもなどを、椅子に座れるキング＆クイーンとして選んであげるとよいでしょう。簡単なメッセージカードを書いて読みあげて、手渡していくのもよいでしょう。

56 あなたは、ワンダフル！

　自分を表現するときには、自分のよさに気づき、自分に自信を持てることが大切です。でも自分のよいところって、なかなかわかりませんね。友だちから言われると、「自分にはこんなよいところがあるのだ」と気づくことがあります。このゲームではおたがいを「ほめる」体験をしましょう。
　自分のよさを認められるようになると、自分を尊重し、同時に相手も尊重できる心が生まれます。また、友だちをほめることで友だちを肯定的に認めていこうとする態度や心の変化が生まれます。
　最初は、表面的にほめることからはじまり、知らず知らずのうちに、相手の内面的な、ほんとうのよさをほめることができるようになります。

◎ ねらい

- 人と仲よくするときは、まずあいさつからはじめることが大切であることを知りましょう。
- 友だちをほめる活動をとおして、相手のよさをさがすことを体験しましょう。
- 友だちからのほめことばから、自分のよさに気づき、自分自身を肯定的に見ることができるようになります。

◎ ゲームの展開

1 あいさつで、雰囲気をつくりましょう

❶リーダーは、リラックスするための「あいさつゲーム」などを子どもたちに教え、その場の雰囲気をやわらげます。
❷おたがいに両手を合わせて、おでこを自分の両手につけ、先攻の人の合図（こんにちは）でおたがいに顔を左右どちらかに出します。このとき手はうごかさないようにします。同じ方向に顔を出し合ってしまったら合図を出した人のかちです。

2 二重の輪をつくって…むかい合わせに座りましょう

❶リーダーは、子どもたちに、友だちと椅子を使って二重の円をつくらせ、2人1組でむかい合わせに椅子へ座らせます。

クラスでチャレンジ！　コミュニケーション・ゲーム

3 おたがいに、握手を交わしてからいっぱいほめてあげましょう

❶リーダーは、子どもたちに、おたがいに握手などをして、あいさつを交わすよううながします。「よろしく」などと、あいさつの声をかけ合うのもよいでしょう。

❷つぎに、円の内側か外側かで前半・後半を決め、子どもたちに友だちの「よい面」についておたがいに1分間、いっぱいほめてあげるように指示します。このとき、相手を傷つける表現を絶対にしないこと、ふざけた言い方をしないことを約束させましょう。

4 おたがいに、役割を交代して…

❶1分間ごとに拍手などで合図をして、役割交代を知らせます。

5 つぎに、相手をかえて…

❶つぎに、子ども同士の活動が終わったら、合図で円の内側か外側の子どもがひとりずれて、相手をかえて新しい友だちと組むようにうながします。そして、同じ活動を何度かくり返していきます。相手と握手などをして離れるとよいでしょう。

6 終わったあとの発表を忘れずに…

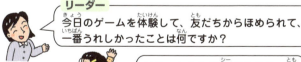

❶時間内にできるだけ多くの友だちとほめ合う活動ができるように配慮します。ゲームの終わりに"ふり返り"をさせます。友だちからほめてもらったことばで、もっともうれしかったことを発表し合いましょう。

Point

（1）ほめ合う活動がうまくいっていないグループについては、しっかりとほめ方のヒントなどをアドバイスしましょう。

（2）日ごろの友だち関係にも配慮しながら行なうことも重要です。トラブルにならないように、ふざけて言わないなど、活動のときの約束を決めておくとよいでしょう。

57 ありがとうカード

　手紙やメッセージカードは、ことばとはちがって、受けとる人の手もとに、いつまでも残ります。ですから、友だちからの肯定的なメッセージの書かれた手紙やカードは、大切な心の財産になります。

　日ごろのなにげない自分の思いやりや気づかいに対して、友だちから感謝の気持ちがそえられたメッセージカードが贈られたら、とてもうれしい気持ちになりますね。自分の行為や行動が、友だちに感謝され、具体的なことばとカードで伝えられると、自分を「今の自分でいいのだ」と自己肯定できる素直な心がわいてきます。

　このゲームで、よりよい人間関係を結んでいく大切さを体験してみましょう。

◎ ねらい

- 友だちのよさをさがし、発見し、メッセージカードやことばをとおして、その友だちをほめる活動を体験します。
- 友だちからの肯定的なことばやメッセージカードを受けとり、自分にもいいところや、能力があるという自己肯定、自分自身を尊重する感情をはぐくみます。
- 友だちからの肯定的なメッセージカードやことばに対して、感謝の気持ちを持つ心をはぐくみます。

◎ ゲームの展開

1 まずは、グループづくりから

リーダー　さあ、これからグループづくりをします。

リーダー　これから手をたたいた数だけ、友だちが輪になって集まり、グループをつくりましょう。

❶リーダーは、子どもたちを大きな輪にして椅子に座らせます。グループづくりのゲームを行ないます。

❷最初は、2～3名のグループや7～8名のグループづくりをして雰囲気を高めます。最終的に4～5名程度の小グループをつくります。

!　グループづくりのやり方は、「78 友だちをつくろう！」(P172、173) を参照してください。

クラスでチャレンジ！ コミュニケーション・ゲーム

2 よかったこと、うれしかったことを思い出しましょう！

① リーダーは、グループの子ども同士に、おたがいに親切にされたことや、やさしくしてもらったことなどを思い起こしてもらいます。ありがとうの例として、みんなの前で、具体的な体験を発表してもらうのもよいでしょう。

3 「ありがとうカード」を渡されて

① リーダーは、「ありがとうカード」（イラストや模様のある楽しい感じのカードを用意しておきます）を、ひとりにつき3〜4枚ほど配布し、友だちの親切ややさしさへのありがとうの気持ちを、メッセージカードに書くことを伝えます。

4 グループごとに、丸い円になって

① リーダーは、子どもたちが「ありがとうカード」を書き終えたころを見はからって、決めてあった4〜5名ほどのグループごとに、丸い円になって椅子に座るように指示します。子どもたちが向き合って座ったら、ジャンケンなどで最初に「ありがとうカード」を渡される人を決めます。

● 人の話をじょうずに聞こう

● 自分の気持ちをじょうずに伝えよう

● 自分で考えよう・みんなで考えよう

5 「ありがとう」のメッセージを読みあげましょう

❶リーダーは、グループごとにありがとうカードを渡す人と渡される人の2人が椅子から立つことを伝えます。渡す人は、渡される人にカードに書いてあるメッセージを読みあげ、そのあとカードを渡すよう伝えます。渡す人と渡される人は順次交代して、全員が同じことをしていきます。

❷リーダーは、小グループを巡回しながらゲームの進行を見守り、メッセージの伝え方のアドバイスをします。全員がゲームを終えたことを確認し、ふたたび新しいグループづくりをして新しいメンバーで同じゲームを行ないます。

6 感想を発表し合いましょう

❶最後にこのゲームのふり返りをみんなで行ないます。

> **Point**
>
> （1）カードに書き込む作業があるので、筆記用具やカードを必要とします。子どもの発達段階に応じてカードへの記入量やカードの形式を工夫することで、小学校低学年から大人まで応用することができます。
> （2）感謝のことばを伝えるための具体的なできごとが少ない場合は、相手への励ましやよさに対するほめことばでもよいでしょう。少人数で行なって、人と人のコミュニケーションになれたら、グループの人数を増やしていくとよいでしょう。
> （3）最後に行なう「ふり返り」は、自分の気持ちをいろいろな人に伝える練習になります。このゲームの意味を考える機会としても大切です。

お口のトレーニング

早口ことばで遊ぼう

小さな声だったりモゴモゴと口ごもっていたら、せっかくのことばも相手に届かないよね。だから、よく通るくっきりはっきりした話し方ができるように、お口のトレーニングをしよう！
ゆっくり読んでも効果があるので、はっきりと正確に発音してみてね。

■ **むかしからある早口ことば**
隣の客はよく柿食う客だ
坊主が屏風に上手に坊主の絵を描いた
生麦生米生卵（なまむぎなまごめなまたまご）
赤パジャマ青パジャマ黄パジャマ
カエルぴょこぴょこ三ぴょこぴょこ合わせてぴょこぴょこ六ぴょこぴょこ
スモモも桃も桃のうち 桃もスモモも桃のうち
新人歌手新春シャンソンショー
隣の竹やぶに竹立てかけたのは、竹立てかけたかったから竹立てかけたのさ

■ **おもしろ早口ことば**
東京特許許可局局長作曲特許許可組曲〈クレヨンしんちゃんより〉
お綾や、親にお謝り。お綾や八百屋にお謝りとお言い
引き抜きにくい挽き肉は引き抜きにくい温い肉
ブラジル人のミラクルビラ配り
手術室技術者施術中（しゅじゅつしつぎじゅつしゃしじゅつちゅう）
骨粗鬆症訴訟勝訴（こつそしょうしょうそしょうしょうそ）

■ **アナウンサーもかむ、むずかし発音ことば**
貨客船万景峰号（かきゃくせんまんぎょんぼんごう）
火星探査車（かせいたんさしゃ）
高速増殖炉もんじゅ（こうそくぞうしょくろもんじゅ）
都道府県庁所在地（とどうふけんちょうしょざいち）
マサチューセッツ工科大学（まさちゅうせっつこうかだいがく）
老若男女（ろうにゃくなんにょ）

58 話し方にもいろいろある

　話をするときに大切なことは、話し手と聞き手の一体感です。あなたが話を聞こうとしているときに、声が小さくて聞きとれなかったことはありませんか？　逆に、一生懸命に話し手に耳を傾けようとしているのに、マイクロフォンの声などで、ボリュームが大きすぎ、何だか不快で、聞きづらかったことはありませんか？　こういうとき、話し手と聞き手とのあいだには、一体感はありません。同じ空間で同じように過ごしているのに、これでは、心をひとつにするのにはほど遠いのではないでしょ

1 聞き手を大切に思う表情で、話しましょう

- 聞き手の方を見て、話しましょう。
- ふらふらせず、まっすぐに立って。
- ❗ うで組みをして話すのは、よくありません。

2 声の大きさに、気をつけていますか？

大人数のとき・広い場所で話すとき　　少人数のとき・静かな場所で話すとき

- 大きな声で話しましょう。
- 小さな声で話しましょう。
- ❗ マイクが必要なときは、マイクを使います。

うか？
　話をするときに、一番大切なことは、聞き手が気持ちよく聞けるための心づかいです。そのためには、話の目的や内容、聞き手の様子や話す場所などにも、十分に気をつけなければいけません。
　聞き手が、大ぜいであっても、まるで1対1で話されているような気持ちにさせることができたら、すばらしいですね。

③ 聞き手の反応に、気をつけていますか？

先にすすんでいいですか？

ここまでで、わからないところはありませんか？

！ 聞き手が理解できていない様子なら、ていねいに聞き返します。

④ いつも「1対1」の対話の仕方が基本です

1対1の場合

大人数の前で話す場合

相手の方を見て、心を込めて話します。

いつも1対1のときと同じつもりで話しましょう。

59 じょうずにあいさつを

　あいさつは、心と心の握手です。あいさつで心がつながると、相手に元気を与え、自分もますます元気になることができるのです。コミュニケーションの基本は、どこの国でもあいさつです。さあ、あいさつをじょうずにするコツを覚えましょう。

　あいさつをするときに大切なのは、声の調子と表情です。心の込もったあいさつか、そうでないかは、表情などから相手に伝わっていきます。あいさつをされたら、心を込めて返しましょう。相手の目を見ることも

1 心を込めて、あいさつしましょう

大人に向かって
おはようございます。
おはよう！
❗ 笑顔で。明るい声で。

2 自分から、あいさつしましょう

友だち同士
おはよう。
おはよう。
❗ 友だちにもすすんであいさつしましょう。

するには…

大切です。できる人は、自分からあいさつをします。明るい声と明るい笑顔でできるといいですね。
　友だち同士でも同じです。大人に会ったら、会釈をしてみましょう。もう自分はあいさつじょうずだと思う人は、「○○さん、おはようございます。」「今日もよろしくお願いします。」など、相手の名前を呼んでみましょう。そして前向きなことばもつけてみましょう。

③ 静かな場所や、少し遠いとき…

❗ 声を出さずに、頭をさげるだけにします。

④ さらに、レベルアップさせて…

教頭先生、おはようございます。

きのうは、ありがとうございました。

今日も、1日よろしくお願いします。

❗ プラスアルファのことばで、あいさつのレベルアップをはかりましょう。

「ありがとう」をじょうず

「ありがとう」を言うときに一番大切なのは、心です。心を込めて「ありがとう」と言うときに、はじめて相手に伝わります。その心を伝えるものが「ことば」と「行動」なのです。「ことば」には、とても大きな影響力があります。正しく気持ちのいいことばを使いましょう。

「ことば」を話すときに大切なのは、言い方です。声の大きさ、聞き取りやすさ、ひとつひとつのことばをていねいに発音することなどが大切です。

1 相手の目を見て…

ありがとう。

！ 下を向いたり、キョロキョロせずに、相手の目をちゃんと見ます。

2 顔の表情と、体全体で…

笑顔で

ありがとう。

まじめな顔で

ありがとう。

！ 体は相手の方に向けて、近づきながら。

に言うには…

「行動」で、大切なのは、まずは顔の表情です。相手の目を見て言えていますか？　目でも「ありがとう」と言えていますか？　それから、にっこりと笑っていますか？　いっしょうけんめいな顔ですか？　体は、相手の方を向いていますか？　相手からはなれすぎていませんか？

「ことば」と「行動」で、話し手の心はまる見えになってしまいます。

自分の「ことば」と「行動」について、まわりの人から、アドバイスなどをもらうといいですね。

● 人の話をじょうずに聞こう
● 自分の気持ちをじょうずに伝えよう
● 自分で考えよう・みんなで考えよう

3 言いにくかったり、言い忘れたりしたら…

電話で
もしもし。さっきはありがとう。

なるべく早めに伝えるようにしましょう。

手紙で
直接言いにくいので、手紙で書きます。お母さん、いつもありがとう。

①素直な心で、正直に書きましょう。
②話すように書けば、あんがいすらすらと書けます。

4 さらに、たくさんの「ありがとう」を…

あたりまえに見えることでも
いつもありがとう。

意識していなかった人にも
ありがとう。今まで気がつかなかった。

小さなことにも
○○を、ありがとう。

「ごめんなさい」を

　だれにでも、失敗やあやまちはあります。そうしたときには、自分の非をすぐに素直に認め、心からあやまることが大切です。
　ときには、自分の失敗をすぐに認めるということが、むずかしいこともあります。相手も悪くて、その結果起こってしまうこと、自分には関係がない原因によって失敗につながってしまうこともあります。でも、してしまったこと、相手に迷惑をかけてしまったことについては、すぐにあやまる勇気を持つことが大切です。わけがあるときは、そのあと、相

1 すぐに、あやまりましょう

階段でぶつかったりしたとき…
① あっ、いたい！
② ごめん！

階段で足をふんでしまったとき…
① おおっ、いててて…！
② 足をふんでしまって、ほんとにごめん。

①直接相手とのかかわりで生じたことは、すぐにその場であやまると、相手の怒りもしずまりやすくなります。
②相手を見て、しっかりと頭をさげて、ていねいにあやまりましょう。

2 相手の立場を、気づかいましょう

① だいじょうぶ？けがしなかった？痛かっただろ。
② 急にぶつかったから、びっくりしただろ。
③ だいじょうぶだよ。

相手の立場や状況を気づかうひとことを言いましょう。相手がだいじょうぶだったかを確かめたり、相手の気持ちを想像して、ことばをかけるとよいですね。

じょうずに言うには…

手にきちんと説明しましょう。あやまる前に「自分だけが悪いのではない」と相手を責めたり、「だって…」と言いわけをしたりすると、ますます相手との関係が悪くなります。

相手の気持ちを考え、心をこめてあやまれば、それは、きっと相手に伝わります。「ごめんなさい」は、気持ちのよい人間関係をつくるうえで大切なことばです。

3 まず、あやまってから、状況を報告しましょう

あやまる相手が、その場にいないとき

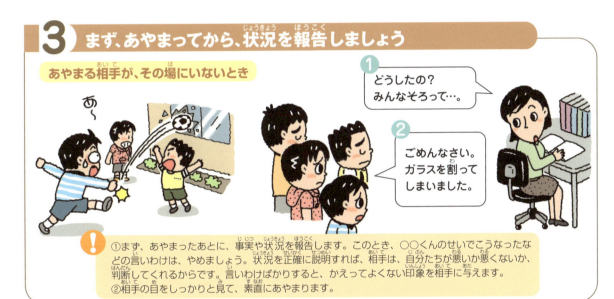

① どうしたの？みんなそろって…。
② ごめんなさい。ガラスを割ってしまいました。

⚠ ①まず、あやまったあとに、事実や状況を報告します。このとき、○○くんのせいでこうなったなどの言いわけは、やめましょう。状況を正確に説明すれば、相手は、自分たちが悪いか悪くないか、判断してくれるからです。言いわけばかりすると、かえってよくない印象を相手に与えます。
②相手の目をしっかりと見て、素直にあやまります。

4 自分の気持ちを話しましょう

あやまったあとに…

① 校舎の近くでボールをけっていたのが悪かったんだと思います。こんどから、校庭のまん中でやります。
② 窓ガラスがあるから、校舎の近くは避けなきゃね。
③ はい。もう、しません。こんどから、気をつけます。

⚠ ①してしまったことは、しかたがないことです。つぎからどうするかを考え、二度と同じ失敗をくり返さないことが大切です。
②場合によっては、このあとどうしたらよいかを、指導してもらいましょう。
③あとかたづけも、忘れずに。

初対面の人ときちんと

はじめて会った人と話すとき、みなさんはどのようにしていますか？平気で話せる人もいるでしょうが、大部分の人が、どのように話しはじめればいいのかわからないのではないでしょうか。そんなときは、まずあいさつをしてみましょう。あいさつには、人と人との心を結ぶはたらきがあります。そのため、そのひとことがきっかけとなって、話しやすくなるはずです。

あいさつによって、緊張がとけたら、簡単な自己紹介をしましょう。相

1 出会ったときに、あいさつをしていますか？

① あの子は誰なんだろう。見たことがない子だわ。

③ 何て声をかけたらいいんだろう。ああ、行っちゃった！

④ どうしていいかわからない。まあ、いいわ。行こう。

② こっちを見ているけど、何か言いたいのかな。だれなんだろう？

⚠ はじめて出会った場合、緊張のあまり、何も言えなくなってしまったことはありませんか？それは、相手も同じです。まずは、あいさつをしてその緊張をとくようにしましょう。

2 あいさつをして、自分の名前を知らせましょう

① こんにちは。「青木みか」と言います。よろしくお願いします。

③ 「さち」さんですね。わたしの名前の「みか」はひらがなで書くのだけど、さちさんの「さち」は、どういう字ですか？

② はい、わたしは「鈴木さち」です。こちらこそ、どうぞよろしくお願いします。

④ わたしの名前も、ひらがなで書くのです。「みか」さんと同じですね。しかも、2文字なのも同じですね。

話すには…

相手が話しているときは、相手の身になってしっかりと聞いてあげましょう。相手の目を見て、ことばをくり返したり、たずね返したりしながら、聞いてあげることです。それにより、おたがいのあいだに安心感が生まれます。

それから自分のことを話しはじめるとよいでしょう。相手は、もっとあなたのことを身近に感じ、自分のことを話すようになります。

自己紹介のキャッチコピー（名前の由来や家族、趣味など）を持っているといいですね。

③ 何を話したらいいか、困っていませんか？

1. はじめて会った子だから、好きなこともわからない。どうしよう。
2. わたしが好きなことは、バレーボールなんだけど、この子は何が好きなんだろう。
3. あなたの好きなことは、何ですかって聞いてみようかな。
4. ねえ、わたしはバレーボールが好きなのだけど、あなたは何？…って、聞いてみればいいかな。

! 自分のことを語ると、相手との距離がぐっと縮みます。自分が好きなことや最近うれしかったことなど、自分の思いを話しましょう。きっと相手も自分のことを話しはじめます。

④ 自分のことを話して、わかってもらいましょう。

1. わたしは、絵を描くことが大好きなの。ひまさえあれば、描いているわ。
2. へぇ、そうなんだ。みかちゃんは、どんな絵を描くの？
3. 花や木や山などの自然を描くことが好きよ。このあいだは、市民公園にある桜の木を描いてきたわ。
4. みかちゃんは、自然が好きなのね。わたしは、バレーボールが好きなの。先週の土曜日には試合があって、勝ったわ。
5. へぇ、バレーボールの試合で勝ったの。すごいわね。練習をたくさんするのでしょうね。
6. ええ。月・水・金曜日は、4時から6時まで。土曜日は、2時から5時までやっているわ。

● 人の話をじょうずに聞こう
● 自分の気持ちをじょうずに伝えよう
● 自分で考えよう・みんなで考えよう

63 目上の人ときちんと

みなさんは、目上の人と話すときに気をつけていることはありますか？大部分の人がことばづかいと答えるでしょう。頭ではわかっていながら、ていねいに行なわれていないのがじっさいです。ここでは、ことばづかいについて考えます。

まずは、道をたずねる場合です。みなさんは、どのようにたずねますか。仕事をしている人や歩いている人など、その場によってたずねる人はちがってくるでしょう。相手の状態を考えて、「お忙しいところすみません」

1 目上の人に対して、正しいことばづかいをしていますか？

① ○○図書館への行き方が、わからなくなっちゃった。そうだ、そこのお店の人に聞いてみよう。

② あのう、○○図書館へはどう行けばいいの？

③ あら、どこの子かしら？

④ ○○図書館は、この先の交番を右にまがって、2つ目の信号を左にまがった通りぞいにありますよ。

! 目上の人と話すときには、ていねいなことばを使いましょう。目上の人は友だちではありませんので、友だちのような話し方は、適切ではありません。

2 目上の人には、敬語を使って話しましょう

① あのう、お忙しいところすみません。○○図書館への行き方が、わからなくなってしまったのですが、教えていただけませんか？

② ええ、いいですよ。○○図書館は、この先の交番を右にまがって、2つ目の信号を左にまがった通りぞいにありますよ。

③ 交番を右にまがって、2つ目の信号を左にまがるのですね。よくわかりました。

④ 車の通りがはげしいから、気をつけて行きなさい。

⑤ はい、わかりました。気をつけます。ありがとうございます。

! 相手の言ったことばの中で、自分にとって重要なことばは、相手に向けてくり返し確認し、質問をしっかりしたものとして終わらせましょう。

話すには…

　などのことばをそえて、たずねるようにしましょう。
　また、友だちのお母さんや地域の人と話す場合も、ていねいなことばづかいで話すように心がけましょう。相手の話をよく聞いて、それについて答えたり、たずね返したりするとよいでしょう。

③ 友だちのお母さんと、話してみましょう

❶ こんにちは。このあいだごちそうになったクッキー、とてもおいしかったです。ありがとうございました。

❷ まあ、りかちゃん。こんにちは。しっかりとあいさつができて、りっぱね。そうそう、りかちゃんが演じた森の精は、すてきだったわよ。

❸ ありがとうございます。とてもドキドキしていたのですが、みんなでがんばろうと約束していたので、無我夢中で演じました。

❹ そう、よくがんばったわ。みんなの気持ちがひとつになるっていうことは、すてきなことね。

④ 地域の人と、話してみましょう

❶ こんにちは。○○小学校の河合です。今日は、お手伝い探検のときにさせていただく仕事のやり方を、教わりにきました。よろしくお願いします。

❷ はい、こんにちは。ごくろうさま。今日は陳列とレジの仕事をしてもらおうと思っています。

❸ はい、陳列とレジですね。まず、陳列のやり方を教えてください。

❹ そうだね。お弁当やおにぎりが届くから、まず数のチェックをするよ。そして、日づけの古いものを前に出し、新しいものは奥におくとしよう。

❺ メモをとらせていただいて、いいですか。

❻ はい。どうぞ。

> ❗ メモをとる場合は、「メモをとらせていただいていいですか」などときちんとことわり、時間をかけずに、要点のみを書くようにします。話し終わったときの「ありがとうございます」のあいさつも、忘れないようにしましょう。

143

64 自分の考えをじょうずに

人と人が話をするときには、つぎの3つの話し方があります。

1つめは、自分の思いや気持ちを一方的に相手に伝えるやり方で、話を聞く相手にとっては伝えられていることをとても受け入れる気持ちになれない話し方です。

2つめは、反対に相手の気持ちに気をつかいすぎてしまって伝えたいことがはっきり伝わらない話し方です。話を聞く相手にとっては何を伝えたいのかわかりにくくてもどかしさを感じてしまいます。

1 自分の気持ちだけを話していませんか？

① 何で約束を守らないんだ！！もう、遊ばないからね。

② そんなあ…。いきなり言われても…。

! 一方的に、自分の思いだけを相手に伝える話し方だと、話を聞いている相手は、いやな気持ちになり、素直に話を聞くことができません。

2 相手の気持ちばかりを考えていませんか？

① あのう…。そのう…。昨日のことなんだけど…。いや、何でもないんだ。

② どうしたの？何か言いたいことがあるの。早く言ってよ。

! ほんとうは伝えたいのですが、相手に悪いような気がして伝えられないときもあります。でも、それでは、かえって相手はもういい加減にしてほしいと思ってしまいます。

伝えるには…

　3つめは、自分の気持ちも相手の気持ちも大切にする話し方です。この話し方では、おたがいの伝えたい気持ちを大切にしているので、おたがいが納得できるところへと話の内容をまとめることができます。伝えたい人も伝えられた人もとてもよい気持ちで話を終えることができる話し方です。

- 人の話をじょうずに聞こう
- 自分の気持ちをじょうずに伝えよう
- 自分で考えよう・みんなで考えよう

3) 自分の気持ちも、相手の気持ちも大切にして話しましょう

さわやかに

1. ぼくね、昨日のこと、とっても残念に思ってるんだ。
2. えっ、なあに？
3. 昨日遊ぶ約束してたよね。ぼくは、ずっと、きみがくるのを待っていたんだけれど…。何かあったの？
4. あっ、ごめん、ごめん。それには理由があってね…。
5. どうしたの。何か特別な用事でもできたの？

❗ 自分の気持ちを素直に伝え、相手の立場も配慮して話します。

4) 相手の言いぶんを聞き、自分の気持ちを素直に伝えましょう

1. 急に、親戚の人がきてしまって…。
2. そっか…。でもこられなくなったことを、ぼくに連絡してほしかったよ。

1. これからは、ちゃんと連絡してね。
2. ごめんね。これからはそうする。

❗ ①約束を守らなかったことに納得がいかないときは、その気持ちを伝えます。
②約束が守れなかった理由がわかったら、待っている自分のことも配慮してほしいと伝えましょう。

❗ 自分の気持ちも相手の気持ちも理解し合うように、努力しましょう。

仲間に入りたいときは…

新しいクラスになったときや、べつの友だちと遊んでみたいなと思ったとき、すでにいる仲間や遊びグループに入ろうとするのには、ちょっと勇気がいりますね。何と言ったら入れてくれるかな、もし断られたらイヤだなあ、などと考えてしまいます。でも、そこで声をかけるのをやめてしまうと、いつまでたっても新しい仲間はできません。思いきって声をかけてみましょう。

仲間に入るには、相手やその場の状況によってことばを考える必要が

1 何て、言おうかな？

- 入れてー！
- 仲間にしてね。
- いっしょに、いい？
- 楽しそうだね。
- ぼくもやりたいなあ。
- いっしょに、遊ぼうよ。

❗ 「入れて…」だけでなく、いろいろな言い方を考えて、言ってみましょう。

2 どうやって、言おうかな？

みんなに近づいて　　みんなの方を向いて大きな声で　　ニコニコ顔で

入れてーー。

あります。また、声をかけるときには、①相手に近づいて、②明るい表情で、③明るい声で、④調子よく、「入れて！」と言えるとよいですね。

また、声をかけるタイミングも大切です。相手が自分の方を見たとき、みんなの会話と会話のあいだ、遊びはじめるまえなど、様子をよく見て話しかけましょう。じょうずに声をかけて、たくさん友だちを増やしましょう。

３ 入れてもらえたら、お礼を言いましょう

「いいよ」と言われたら
1. ありがとう。
2. わー。よかった。
3. ありがとう。うれしいなあ。

遊び終わったら
1. ありがとう。楽しかった。
2. 入れてくれて、ありがとう。
3. 今日は楽しかった。また、遊ぼうね。

❗ ①すぐにお礼を言って、うれしい気持ちを伝えましょう。
②もうひとことお礼を言って、楽しくすごせたことを伝えれば、つぎは、もう仲間の一員！

４ もしも、入れてもらえなかったら…

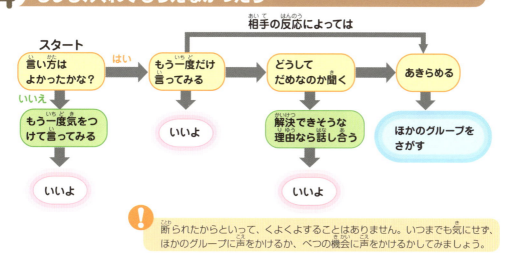

❗ 断られたからといって、くよくよすることはありません。いつまでも気にせず、ほかのグループに声をかけるか、べつの機会に声をかけるかしてみましょう。

友だちの本が借りたい

　友だちに手伝いを頼んだり、ものを借りたりすることは、日常よくあることですね。そんなとき、あなたの頼み方しだいで、友だちは気持ちよく引き受けてくれたり、そうでなかったりします。自分が相手にものを頼みたいときは、相手の都合をよく考えたうえで、何を頼みたいのかはっきりさせ、積極的に相手にはたらきかけることが大切です。

　ものを頼むには、①あいさつをする（頼みがあることを伝える）、②頼む理由を言う、③自分の頼みたいことを、はっきりわかりやすく伝える、

1　いきなり頼んでも…

❶ ねえ、「○○」っていう本貸してよ！いいでしょ。

❷ えーっ。そんなことと言われても…。

❶ その本、ちょっと借りるぜ！

❷ あーっ。ちょっと待ってよー！

❗ どんなときでも、わけも話さず、自分の要求をいきなり話すのは、相手に失礼になりますね。貸してもいいようなものでも、相手に貸してやるものかという気持ちにさせてしまいます。

❗ 相手を無視した強引な行ないは、相手が断りたくても断る時間もありませんし、きらわれてしまうことになります。

2　タイミングを考え、相手の気持ちを想像して…

❶ その本、おもしろそうだから貸して。

❷ せっかくみんなで盛りあがっているんだから、あとにしてよ。

❶ その本、見せてくれないかしら。

❷ まだ、読み終わってないのに、見てわからないのかしら。

❗ 相手がいそがしそうなときや、気分がよくなさそうなときは、さけましょう。

❗ 相手が、今どんな状態なのかを考えましょう。

␣ときは…

④相手に聞き入れられたときの結果や、そのときの気持ちを予想して言う、⑤お礼を言う、の順にするとよいでしょう。

　また、頼むときには、相手の都合をよく考え、「もし、読み終わっていたら…」など、ていねいに話すことも大切ですね。相手の都合によっては、断られることもありますが、そのことも予想しながら頼むと、断られても腹が立ちません。

3 じょうずに「本を貸して」と、頼んでみましょう

まずはあいさつ、つぎに借りる理由を

① おはよう。○○さん、お願いがあるんだけど。
③ ××という本、持っていたよね。調べ学習に使いたいんだけど…できたら、貸してもらえないかな。
⑤ 明日の帰りまでには、返すから。

② ……？
④ うーん、どうしようかな

① 「できたら」「もしよかったら」などを加えると、よいです。
② 期限をはっきりと伝え、「よごさないから…」などの条件を言いそえるのもよいです。

さらに、借りる理由を、はっきりと

貸してもらえると、まとめのところが書けて、とても助かるんだ。

「助かる」「うれしい」「ありがたい」などのことばをそえるとよいです。

4 お礼を、忘れずに…

① ありがとう、助かるよ。
② ありがとう、大切な本を貸してくれて。

断られたときは、相手の都合もあるので、それ以上頼まずに、べつの方法を考えましょう。

大事な物を貸してと

　友だちからものを頼まれたとき、引き受けてあげれば相手は喜んでくれるし、あなたも気分がいいですね。でも、なかには、あなたが引き受けたくないことや、引き受けられないこともあるかもしれません。
　そんなとき、相手を傷つけないようにと、無理して引き受けてしまったり、はっきり断り切れなくて相手にあなたの気持ちがつうじなかったりしたことはありませんか？
　自分が引き受けたくないと思ったら、はっきり断ることが大切です。

1 はっきりしない態度や返事は、誤解を与えます

①どちらだかわからないような返事では、相手は頼みを聞いてくれたと思ってしまいます。
②いつもこのような態度では、友だちから、この人は「頼めば何でも言うことを聞く人」だと思われてしまうこともあります。

2 怒って言ったり、乱暴に言ったりしてはいけません

①大切な物は、貸さなくてすみますが、相手との仲は悪くなってしまいます。
②こんな断り方をしていると、つぎにこちらが何か頼んでも、相手は聞いてくれなくなります。

頼まれたら…

自分の気持ちを大切にしながら、相手も傷つけないような断り方を考えてみましょう。
（1）相手の気持ちにそえないことを、あやまる。
（2）断る理由を話し、はっきり断る。
（3）もし代わりにできることがあったらそれを伝え、そして、もう一度あやまる。

きちんとていねいに断れば、相手もきっとわかってくれるはずです。

●人の話をじょうずに聞こう
●自分の気持ちをじょうずに伝えよう
●自分で考えよう・みんなで考えよう

3 じょうずに断るには…

❶ ○○のCD買ったって、言ってたよね。ちょっと貸してもらえないかな。

❷ ほんとうにごめんね。貸してあげられたらよいのだけれど…。

❸ あのさ、このまえ、誕生日プレゼントに買ってもらったばかりで、とても大切にしているんだ。

! ①まずあやまってから、理由を話します。
②ほんとうの理由ではなく、相手が怒らないような理由を話した方がよい場合もあります。

4 きちんと断り、代わりにできることがあれば伝えましょう

きちんと断る
❶ だから、貸してあげられないんだ。

もう一度あやまる
❷ 貸してあげられなくて、ほんとうにごめんね。

代わりの案を言う
❸ △△のCDなら、貸してあげられるのだけど…。

! ①断られる相手の気持ちをよく考えて、ていねいに断りましょう。
②代わりの案がないときは、「また、何か役に立てそうなことがあれば言ってね」など、すべて断るつもりではないことを伝えます。

悪いさそいを断るには…

友だちからもし万引きなどの悪いことにさそわれたら…、と考えたことはありますか？　また、いやだなあと思っていることにさそわれ、断りづらかったことはありませんか？

確かに、ふだん仲のよい友だちだからこそ、さそいを断るのがむずかしいことがあります。仲間はずれにされたら、友だちとうまくいかなくなったらと考え、言いたいことがうまく言えなかったということは多いはずです。

1 モジモジしたり、オドオドしたりしていませんか？

① これ、見て…。どうしたかわかる？
② えっ…。それって、まさか…！
③ そう、ちょっとそこのお店からいただいちゃったのさ。
④ えっ！？な、な、なんか…すごいね。
⑤ くにひこも、これ、ほしいだろ？

! あいまいな態度が、さそうほうを、もっと強い態度にしていきます。

2 あいまいに、断る理由を述べていませんか？

① ぜったいに、うまくいくから。かんたんだし。ね、気楽にいこうよ。確かまえからほしいって言ってたじゃないか。
② だって、そんなこと言われたって。ちょっと困ったなあ…。うーん…。ほしいって言ったかもしれないけど…、でもなあ。

でも、よく考えてみれば、いやなことを「いや」と言えないのは、友だち関係としては望ましくありませんね。相手にさそわれたとき、自分がいやならば「いや」とはっきりと断ることが大切です。あいまいな態度や期待を持たせるような態度が一番いけません。そして、断るときは、落ち着いて、相手の目をしっかりと見、いやだという自分の気持ちを伝えるようにしましょう。ことばや言い方はやさしくても、はっきりと自分の意志を伝えることが大切です。

3 相手の目を見て、正しい姿勢で、落ち着いて答えましょう

1. かんたんな方法なんだけどなあ。
2. ぼくは、やらないよ。
3. ……。
4. うまくやる方法なんて教えてほしくない。ぼくは、万引きはしたくないんだ。

> 背筋をのばして、相手の目をまっすぐに見て、お腹から声を出して、はっきりとした口調で断りましょう。一番大切なのは自信を持つことです。

4 自分の気持ちを、そのままはっきりと言いましょう

1. そんなこと言うなよ。おれたち友だちだろ。
2. ぼくは万引きはやらない。だれが何と言おうと、やりたくないんだ。方法だって教えてほしくない。
3. ふんっ…。
4. ほんとうのことを言うと、きみに万引きなんてやってほしくないと思っているんだ。

> 「友だちだろ」「そんないい子ぶって」「おぼえておけ」と、言われるかもしれません。でも、自分の気持ちを正直に落ち着いて伝えましょう。腹を立てた言い方ではなく、あくまでも静かに力強く、自分のことばで話しましょう。

69 友だちにいやなことを

　友だちに、自分の気にしていることや、言ってほしくないことを直接言われてしまった経験は、ありませんか。とても、悲しく、いやな気分になりますね。いやなことを言われたとき、あなたはどうしていますか。口をきかなくなってふさぎ込んだり、泣いたりしてはいませんか。それとも怒って相手とケンカをしますか。両方ともよい解決の仕方とは言えません。
　大切なのは、「自分がそのようなことを言われてとてもいやだ」という

1 すぐに言い返したり、怒ったり泣いたりしてはいけません

❶ しんご君って、すっごく太っているね。子ぶたみたいだ。
❷ なんだよ！　そっちこそ、顔がゴリラそっくりのくせして。

❗ 言い返すと、いつまでも終わりになりません。ますますひどいことを言い合うことになります。

❶ ちひろちゃんて、走るの遅いね。歩いているみたい。
❷ ふん！

❗ プイッとそっぽを向いたり、めそめそ泣いたりするだけでは、何の解決にもなりません。

2 深呼吸して、自分に「落ち着け、落ち着け」と言い聞かせましょう

落ち着け、落ち着け。深呼吸して…。

何て言おうかなあ。今の気持ちは…。

❗ ①予想していなかったことを言われるのですから、すぐには反応できません。
②感情をすぐに表さないように、一回深呼吸をして、つぎに何と言おうか考えましょう。

言われたら…

ことを相手にわからせ、つぎから言うのをやめてもらうことです。そのさい、言った相手をせめるのではなく、「自分がそのように言われたくない」という気持ちを伝えるよう心がけるとよいですね。何げなく言ったひとことなら、相手もすぐに気づくでしょう。いつも言われっぱなしだと、相手が調子に乗って、さらに言うこともあるので気をつけましょう。

③ 言われたときの自分の気持ちを伝えましょう

① ぼくは、きみに子ぶたみたいだと言われて、とても傷ついたよ。

② そうか…。半分じょうだんのつもりだったんだ。

① わたしは、走るのが遅いと言われて、悲しくなったわ。とても残念な気分よ。

② そんなに気にするとは、思わなかったわ。

❗ 相手をせめたり否定したりするのではなく、まず、言われた自分の気持ちを伝えましょう。それにより、相手が自分が悪かったと気づくこともあるからです。

❗ ケンカにならないように静かに話しましょう。

④ これからのことについて、自分の気持ちを伝えましょう

① つぎから、体のことは言わないでほしいな。

② うん、わかった。もう言わないよ。

自分の気持ちは伝えたから、早く忘れよう。

そんなに悪気は、なかったのかも…。

❗ ①自分の気持ちは、はっきり伝えましょう。
②ずっとその友だちとうまくつきあうためにも、おだやかに話しましょう。

❗ 言った相手は、もう、忘れてしまっているかもしれません。いつまでも気にしているのは、時間のムダと思って、気持ちをきりかえましょう。

- 人の話をじょうずに聞こう
- 自分の気持ちをじょうずに伝えよう
- 自分で考えよう・みんなで考えよう

「悪口を言われてるよ」

　仲よしのＡ子さんが「Ｂさんがあなたの悪口言っていたよ」と教えてくれたら、あなたはどうしますか？「Ｂさんてとてもいやな人ね。わたしは、そんなことしていないのに」と、Ａ子さんとＢさんのことを悪く言いますか？　それとも、Ｂさんのところへ行って、「何でわたしの悪口を言ったの？」と聞いてみますか？　それとも、ひとりで落ち込んでしまいますか？

　こういうときは、Ａ子さんの言うことを全部信じて行動したり、怒っ

1　そのまま、信じないこと（深呼吸して落ち着きましょう）

① まきこちゃんが、あなたの悪口を言ってたよ。すぐに友だちを裏切る人だって。

② えーっ、ほんとう？ そんなこと言ってたの？

・でもあゆみちゃんも、その場にいたんだよね。
・いっしょになって、言ってたのかなあ。否定していないし…。
・わたしがいやな気持ちになることが、わかって言っているのかなあ。
・面白がっているのかも。

あゆみ　　よしえ（わたし）

2　自分の気持ちを伝えましょう

① あなたのためを思って、教えたのよ。知らないと、かわいそうだから。

・知りたくなかったわ。とってもいやな気持ち…。

② わたしのためを思ってくれたのはありがたいけど、わたし、とても悲しくなった。

⚠ 悪口を言われたからといって、自分も悪口を言ってしまうのでは、きりがありません。落ち着いて自分の気持ちを考えてみましょう。

と教えられたら…

たり、悲しんだりしないことが大切です。A子さんのことばにふりまわされないようにしましょう。全部信じてBさんに怒りを向けるのではなく、落ち着いてよく考えましょう。そしていわれのないことなら、解決する方法を考えることも大切です。友だちに、自分のためを思って知らせてくれたことには感謝しますが、自分は悲しい気持ちになったことは伝えるべきです。でも、ほんとうなら知らないはずのことだから、気にしないことが一番ですね。

3 教えにきた友だちと離れて、解決策を考えましょう

自分で直接確かめる

よしえ（わたし）
まきこ

1. あゆみちゃんに、わたしがまきこちゃんを裏切ったと言ったのは、ホント？
2. 言ったわよ。このまえいっしょに帰る約束してたのに、だまって先に帰ったじゃない。
3. えっ、一人で先に帰るから…って伝えたよ
4. そんなこと、聞いてないわ。それなら、いつ、先に帰るって言ったの？
5. まきこちゃんが給食を配っているときに、ろう下から言ったんだけど。
6. うるさくて、聞こえなかったのかもしれない。そう言ってから帰ったって、今わかったわ。
7. 聞こえたと思っていたんだけど。…こんどから、まきこちゃんの返事を確かめるわ。

! ①まきこちゃんに、まず、裏切ったと言ったかどうかを確かめ、事実を説明し、誤解をときましょう。
②怒って言うとケンカになります。おだやかに言うようにしましょう。

4 そのままにしておく

1. 気にしない、気にしない。言わせておこう。
2. まきこちゃんのところへ行っても、「言った」「言わない」でケンカになるだけ。よけいにいやな気持ちになるだけで、解決にならないわ。

! 悪口を言われたことで頭がいっぱいで、正しい判断ができないことがあります。先生や、おうちの人、信頼できる友だちに相談してみるのもよいでしょう。

! 相手にしないほうが、自分にとって一番いいと思えることも大切です。

●人の話をじょうずに聞こう
●自分の気持ちをじょうずに伝えよう
●自分で考えよう・みんなで考えよう

友だちが約束を

あなたとの約束を、もし友だちがやぶっていたら、どんな気持ちがしますか？ とてもいやな気持ちになりますね。そういうときには、いったいどうしたらいいのでしょう。

まずは、友だちと落ち着いて話してみることが大切です。約束をやぶっていたということは、ほんとうでしょうか？ あなたのかんちがいということはありませんか？ だれかの勝手なうそだったり、うわさ話だったりすることだってあります。または、どうしても約束をやぶらなければ

1 約束したことを確認しましょう

昨日はわたしと遊ぶ約束していたよね？

へっ？

2 本人に直接聞きましょう

❶ ○○君から聞いたんだけど、他の子と遊んでいたってほんとう？

❷ それでも約束が守れなかった特別な事情が、あったの？

あっー

ていねいに、聞きましょう。

やぶったら…

ならなかった、今回だけの特別な理由が、あったのかもしれません。まず、友だち本人に、約束をやぶっていたのはほんとうかどうか、確かめてみましょう。もし、理由もなく約束をやぶられたのだとしたら、こんどはあなたのいやな気持ちを伝えましょう。そのとき、「あなたがいけない」という言い方ではなく「ぼくはイライラしたよ」とか、「わたしは悲しかった」などのように、「わたしは」「ぼくは」ではじまる言い方をするようにしましょう。

●人の話をじょうずに聞こう

●自分の気持ちをじょうずに伝えよう

●自分で考えよう・みんなで考えよう

3 "わたしメッセージ"で伝えましょう

1 わたしはずっと待っていたのに。

2 もしかしたら、わたしと遊ぶのがいやなのかと思って、とても悲しくなっちゃった。

3 ごめんよ。ついうっかり約束のこと忘れて他の子と遊んでたよ…。

そんな風に思わせてしまったのかぁ…

! "わたしメッセージ"で伝えると、相手の気持ちや立場を大切にすることができます。

4 大きなトラブルのときには、信頼できる人に相談しましょう

電話をする

相談する

お父さん、どう話せばいいかなあ？

先生！ ○○君と話し合いたいのですが、立ち会ってくださいますか？

友だちと意見が

友だちと意見や考え方がちがうことや誤解がもとで、友だちとトラブルを起こしたことはありませんか？ ひとりひとりの人間は、みんな考え方がちがうので、それはとうぜんありえることです。そんなとき、みなさんはどうしていますか？

友だちとケンカをしたくないのでがまんしたとしましょう。相手とのよい関係は、そのままつづきますが、あなたはとてもいやな気持ちになり、ストレスの原因にもなります。反対に、自分の主張をとおしたとします。

1 何が問題なのか、どうしたいのかを考えましょう

❶ 今日は、外で遊ぼうよ。ボールとなわとびを持ってきたよ。たくや君はサッカーやりたいって。

❷ さっき、家の中でゲームしようって約束したじゃないか。いっつも、自分の思いどおりにかえちゃうんだから…。

❸ 今日は寒いから、さっきの約束どおりにしたい！

❗ ①「いつも…」というのは、この場合、問題ではありません。
② 「自分は、約束どおりゲームで遊びたい」「友だちは、外で遊びたい」というちがいが、問題となります。

2 まず、相手の気持ちや立場を認めましょう

❶ ゆたか君は、外で遊びたいのか…。ボール遊びやなわとびの練習もしたくて、持ってきたんだね。

❷ うん、そうなんだ。それで、いろいろ持ってきたんだ。

❸ たくや君も、外で遊びたいのか…。

❗ ①いきなり反対しても、言い合いになるだけで解決は見られません。
②まず、相手の気持ちを受けとめて、それから、自分は考えがちがうことを伝えましょう。

ぶつかったら…

自分の思いどおりになって、あなたにとってはよい結果になりますが、相手はとてもいやな気持ちになります。

相手の立場も大切にしながら、自分の気持もうまく伝える方法を身につけましょう。解決する方法を考え、よい結果がえられれば、相手ともっと仲よくなれることもありますよ。

- 人の話をじょうずに聞こう
- 自分の気持ちをじょうずに伝えよう
- 自分で考えよう・みんなで考えよう

3) つぎに、自分の気持ちを伝えましょう

1. ぼくは、ゆたか君とちがって、家で遊ぼうと約束したので、ゲームを用意して待っていたんだ。
ぼくは、約束したことは、そのとおりにしたいなあ。
2. それはそうなんだけど、たくや君はやっぱり外がいいって言ってるし、だから…。
3. 今日は寒いんだし…。やっぱり家の中で遊ぼうよ。

❗ 怒ったり、むきになったりしないで、静かに話しましょう。

4) 場合によっては…解決策を考えて、提案しましょう

1. せっかくボールやなわとびを、持ってきたんだけどなあ…。
2. このごろ、いつも外遊びばっかりだしさ…。
3. ……うーん。
4. なら、こうしたらどうかな。とにかくゲームを1度して、それから外で思いっきり遊ぶ。
5. よし！それなら、いいよ。

❗ ①自分が納得できるのなら、相手にゆずることも考えましょう。
②児童館に行って遊ぶ…など、まったくべつな提案をする方法もあります。

ケンカをした友だちと

　大好きな友だちとケンカをしてしまったら、だれでも仲直りしたいものですね。こういうときには、自分から動くことが大切です。相手が動くのを待っているのではなくて、あなたから行動を起こすということです。
　さて、そのまえに、あなたは本気ですか？　ほんとうに仲直りしたいのでしょうか？　まずは自分の気持ちを確かめてみましょう。相手のしたことを許せますか？　相手に言い訳しないであやまれますか？　相手が自分のことを許してくれるのを待てますか？　1週間待てますか？

1 仲直りのときの行動

①勇気を持って、自分から切り出しましょう。
②やさしい表情、まじめな表情で。落ち着いて、ていねいに話しかけましょう。

2 仲直りのためのことば

仲直りをするには…

1カ月待てますか？ 仲直りの日がいつになるかわからなくても、その日を待つことができますか？

あなたが本気なら、質問の答えはすべて「はい」のはずです。本気であればこそ、本気で行動ができるのです。そしてあなたの本気の行動こそが、友だちの心を動かすのです。

- 人の話をじょうずに聞こう
- 自分の気持ちをじょうずに伝えよう
- 自分で考えよう・みんなで考えよう

③ 仲直りできるか、不安なとき…

大人に相談してみよう

先生、アドバイスお願いします。

お父さん、いっしょにあやまりに行ってくれる？

お母さん、「ごめんなさい」の練習をするから、相手役をしてよ。

④ 仲直りしに行くまえの、イメージ練習

心からあやまるイメージ

ごめんね。もうしないからね。

仲よく遊んでいるイメージ

うれしいね！楽しいね！

やさしくしているイメージ

困ったことがあったら、言ってね。

相手のいいところのイメージ

明るい声だったなぁ。

74 ケンカをした友だちと

　ケンカをしてしまった友だちと仲直りをするには、きっかけが必要です。でも、言い出しにくかったり、相手が怒っている表情を見ると、声をかけづらいものです。どうしようと思っているあいだにどんどん時間だけがたってしまい、ますます仲直りできなくなってしまったということはありませんか？
　そんなとき一番大切にしてほしいのは、仲直りをしたいというあなたの気持ちです。そして、その気持ちを正直に友だちに伝えて、わかって

1 ケンカのことを、整理してみましょう

ゆかりが「絶対に言わないで」と言って話してくれたことを、あきこになら…と思ってわたしが話したのは、やっぱり、わたしが悪い。でも、ゆかりも「遊びに行こう」って約束していたのを、何も言わずにやぶるなんて、ひどいと思う…。

❗ ケンカの原因を思い出して、メモに書いてみましょう。自分の言いぶんとともに、相手の言いぶんを書き出し、ケンカになってしまった原因は何だったかを、はっきりさせます。そうすることで自分が何をあやまらなければならないかがわかってきます。そのうえで、これからどうしていきたいのかも書き出してみましょう。

2 相手の予定を聞いて、ふたりで話せる時間をつくりましょう

もしもし

① ゆかり？　あのう…、ちょっと話したいことがあるんだけど、ふたりで話せる時間をとってほしいんだ。

② えっ…？

③ ごめんね。急にさそって。でも、大切な話があるんだ。いそがしいと思うし、このあいだのことがあったから、怒っていると思うけど、お願いします。

❗ 直接会う約束をするために、電話や手紙を利用するのはいいですね。

仲直りをするには…

 中学生

● 人の話をじょうずに聞こう

● 自分の気持ちをじょうずに伝えよう

● 自分で考えよう・みんなで考えよう

もらうことが大切です。気持ちを伝えるには、いろいろな手段があります。メール、電話、手紙などでは、相手の顔が見えないので、何となく自分の気持ちを言いやすいように感じますね。でもそれは、同時に相手の気持ちがわかりにくいことにもつながります。やはり、最終的には、相手の顔を見て、自分のことばで仲直りの気持ちを伝えることが大切です。自分の悪かった点、これからこうしていきたい点を、まずははっきりさせましょう。

3 相手の気持ちを考えつつ、心を込めてあやまりましょう

❶ 今日は忙しいところ、ありがとう。きてくれて、うれしいな。

❷ えっ、うん。

❸ 今日は、このあいだのことあやまろうと思って、きてもらったんだ。とっても気分を悪くさせてしまったと思って。ほんとうにごめんなさい。

❹ ゆかりがわたしを信頼して話してくれたことを、あきこに話してしまったのは、友だちじゃないよね。そのあと、ゆかりがきてくれなかったことで、ゆかりのショックだった気持ちが、ほんとうによくわかったんだ。

4 仲直りをしたいという気持ちを、伝えましょう

今回のことはほんとうにごめん。もう二度と同じことはしないよ。ゆかりが許してくれるなら、もう一度友だちとしてつきあってほしいんだ。お願いします。

⚠ 相手がとてもショックをうけている場合、もしかしたらすぐに許してくれないかもしれません。そのときは、仲直りできるまで話すのではなく、「考えてみて―」と、相手の気持ちが決まるまで時間をおきましょう。つぎの機会を考えてもいいのです。

165

75 友だちに乱暴されたら…

あなたが何もしていないのに、友だちがたたいてきたら、どうしますか？ くやしくて、お返しをする人もいるでしょう。また、何も言えずにそのままにしてしまう人もいるでしょう。そんなとき、何も言わずにいてはいけません。勇気を持って、はっきりとした態度で、「やめて」と言いましょう。

「やめて」のひとことが言えない場合や、相手がくり返したたいてくる場合には、先生に相談をしましょう。きっとあなたにいいように、とりは

1 されるまま、言われるまま…ではありませんか？

❗ あなたは、友だちにたたかれたりしたときに、されたままでいることはありませんか？
同じことがくり返されないために、やられたらそのときに、「やめて」と、はっきりとした態度で言いましょう。

2 「やめて」と、はっきりした態度で言いましょう

からってくれるはずです。
　けっしてひとりで悩まずに、うちの人に相談することも大切です。さあ、困っているあなた。勇気を持って行動しましょう。

3 「やめて」が言えなかったり、何度もくり返されるときは、先生に話しましょう

① 先生、たかし君が水飲み場で頭をたたいたり、会うとすぐに暴力をふるったりするんです。ぼく、とてもイヤなんです。

② たかし君が暴力をふるうから、困っているのだね。

③ はい、そうなんです。ぼくが「やめて」と言えないから、何度もそうするんだと思うんです。

④ そうか。イヤな思いをしていたんだね。つらかったね。

⑤ はい。とってもイヤな気持ちでした。

⑥ けんいち君は、たかし君に話さなくていいのかい？

⑦ いいえ、話さなくてはいけないと思います。

⑧ そうだね。先生もいっしょに話を聞くよ。

4 ひとりで悩んでいないで、うちの人に話すことも必要です

① お母さん、たかし君が水飲み場で頭をたたいたり、会うとすぐに暴力をふるったりするんだ。ぼく、とてもイヤな気持ちなんだ。

② まあ、それはイヤな気持ちになるわね。それで、けんいちはやられたままでいるの。

③ うん。やめてって、言えればいいのだけど、言えないんだ。

④ そう。でも、そのままにしておくわけにはいかないわね。どうすればいいと思う？

⑤ たかし君に、話さなければいけないと思う。

⑥ ええ、そうよね。たかし君に、けんいちの気持ちを伝える必要があるわね。自分で言えるの？

⑦ ちょっと、自信がないかな。

⑧ それじゃ、まず先生に話すといいわね。どう、話せる？

⑨ うん、そうだね。先生に話してみるよ。

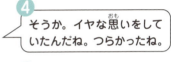

● 人の話をじょうずに聞こう
● 自分の気持ちをじょうずに伝えよう
● 自分で考えよう・みんなで考えよう

小学生

友だちに乱暴されたら…

　友だちにちょっかいを出された、なぐられた、たたかれた…。そんなときどうしたらよいでしょう。仲のよい友だち同士の場合でも、最初は遊びのつもりでたたき合っていたのに、とちゅうから本気になってしまい、大きなけがにつながってしまったということもあります。でも、し返しをしたり、なぐり返したりしては、ほんとうの解決にはなりません。

　それでは友だちにたたかれたとき、どうしたらいいのでしょうか。まず、自分に原因がないかを考えてみましょう。そのうえで、もし原因がわか

1 自分に、原因はありませんでしたか？

「ぼくは何でたたかれなきゃ、いけないんだ？何か、やったのかなぁ。」

「もしかしたら、昼休みのボール遊び…かなあ。」

⚠ 原因が思いあたった場合でも、それをきちんと確かめることが大切です。もしかして、相手の友だちは、そのことが原因でたたいたのではないのかもしれないからです。

2 相手にどうしてたたいたのか、聞いてみましょう

① さっき、廊下でたたかれてびっくりしたんだ。もしかして、ボールの片づけのことで怒っていたの？

② ボールの片づけのこと？何か身に覚えがあるのかよ？

③ えっ、まぁ…。とにかくあのときは、うしろからだったし、ほんとうにびっくりしたんだ。とても痛かったし、もう、たたいたりするのは、やめてほしいと思っているんだ。

⚠ 自分が思っていた原因だった場合も、そうではなかった場合も、「痛かった」「ほんとうに、びっくりした」「もうやめてほしいと思っている」という自分の気持ちは正直に伝えましょう。そのとき、相手の目をしっかりと見、姿勢を正し、はっきりとした口調で伝えることが大切です。

らない場合には、相手の友だちにどうしてそういうことをしたのか聞いてみることが大切です。そして、原因となっていることをおたがいに解決していくためにはどうしたらいいか、解決策を考えていくのです。

しかし、なかには、これといった原因がないのにもかかわらず、たたいてしまう友だちもいます。そういう場合、信頼できる大人に相談することが大切です。

3 原因がはっきりしたら、解決に向けて話し合いましょう

① けいすけさぁ～、昼休みのボールのあと片づけ、ぜんぜんやったことないだろ？それで頭にきてたんだよ。

② やっぱりそうだったんだ。あれって、最後にボールを持ってた人がやるんじゃなかったの？

③ きよしは持ってなくてもやってくれてるのに、お前は1回もやったことないだろう。みんなで遊んでいるんだからさあ…。

④ そうか、わかった。こんどからぼくもやるよ。でも、たたくのはやめてよ。

⑤ うん。たたいたのは悪かったと思うよ。ごめん。もうしない。

4 自分たちで解決できない場合、大人に相談しましょう

あのぅ…

> ⚠ 自分たちで解決できない場合とは、(2) や (3) の解決をしても、友だちが何度もたたいたり、けったりしてくる場合のことです。また、だんだん強くたたくようになったり、遊びのふりをしてプロレス技をかけてきたり、ということが出てきたら、必ず大人に相談しましょう。

77 お話聞いて！

　私たちの日常会話は、1対1の対話を基本としています。対話とは、2人の人がことばを交わすことです。スムーズにできるように練習をしてみましょう。
　日ごろから、話し合うときには、相手にわかりやすいように短く区切って話したり、はっきりと話したりすることを意識しましょう。また、相手の話について感想や考えを述べたりできるように、しっかりと聞くことが大切です。話題を決め、短冊カードに書いた項目について、いろいろな人と対話をしてみましょう。

◎ ねらい

　相手にわかりやすく話すには、さまざまな注意点があります。ここでは、①短く区切って話すこと、②相手の話について感想や自分の考えを述べることを意識させましょう。短く区切って話すことにより、聞き手が質問したり相手の話について感想や自分の考えを言ったりするタイミングがとりやすくなります。また、話し手は聞き手に質問をされることで、より話がはずみます。2人が何度もことばを交わせるのがよい対話といえます。

◎ ゲームの展開

1 好きな本を選び、あらすじ・好きな場面・感想などをまとめましょう

わたしが好きな本は、「スーホの白い馬」です。

あらすじ
「スーホが傷ついていた白馬を助け、仲よしになる。意地の悪い殿さまが白馬をほしがる。しかし、白馬は矢を射られても大好きなスーホのところへもどってくる。その後、白馬は息をひきとる、けれどもスーホはその白馬で馬頭琴をつくり、いつでもいっしょにいる」…というお話。

好きな場面
「矢を射られてもスーホのところへ帰ろうとするけなげな白馬。そして白馬を心配して眠れない日がつづくスーホをえがいた場面」

感想
「ほんとうのやさしさとは、たがいの心と心を強く結びつけるものだということを、あらためて知りました。スーホのところへ、あんなに傷をおっている白馬が、なんとしても帰ろうとする姿に心が打たれました。わたしは、白馬に、がんばれとひっしに声援を送っていました。心を打つとてもいい話だと思います」

それぞれが、話す内容をまとめておきましょう。好きな本の紹介をする場合は、実物を見せて話すのがよいでしょう。

みんなでチャレンジ！ コミュニケーション・ゲーム

●人の話をじょうずに聞こう
●自分の気持ちをじょうずに伝えよう
●自分で考えよう・みんなで考えよう

2 細長く切った厚紙3本に、それぞれの項目を書いて用意します

⚠ 本の紹介のほかに、うれしかったことなどを話すのもよいでしょう。3本の細長いカードにいろいろな項目を記入し、くじを引くような感覚で、楽しんで話をすすめましょう。

3 2人1組のチームをつくりましょう

①さあ，引いてみてください。
③はい。それは、矢を射られてもスーホのところへ帰ろうとするけなげな白馬。そして白馬を心配して眠れない日がつづくスーホをえがいた場面です。
⑤はい。読んでみるとわかります。ぜひ読んでみてください。

②はい。「好きな場面」って、出たよ。好きな場面を話してください。
④へぇ、白馬とスーホは仲よしなんだね。ぼくも馬は好きだから、白馬とスーホがどうしてそんなに仲よしなのか、知りたくなったなあ。
⑥はい、わかりました。こんどは、○○ちゃんが引く番だね。

⚠ 相手が引いたカードの項目や、聞かれたことにこたえましょう。話し手は、句点の数を数えてもらいましょう。

4 つぎに、話し手と聞き手を、交代して…

①ただし君は何の本が好きなの？
③ふ〜ん。はい。では、引きます。（なにが出るかしら？）じゃん、あらすじでした。お願いします。
⑤ごんの気持ちを知った兵十は、さぞつらかったでしょうね。

②ぼくは「ごんぎつね」の本だな。
④あらすじだよね。主人公のごんが、兵十がとったうなぎを逃がしてしまいました。そのうなぎは、病気のおっかあのためのものでした。けれども、うなぎを食べずに死んでしまったことを知ったごんは、毎日「つぐない」を始めました。兵十はそんなごんの気持ちを知らずに、銃でうってしまう…というお話です。

Point

（1）短く区切ってわかりやすく話すために、聞き手に句点の数を数えてもらい、のちほど話し手にその数を伝えるようにすると、よりよい練習になります。
（2）つぎつぎとペアを代えて話し、話しやすい聞き手を見つける体験もさせましょう。よい聞き手を見つけることにより、相手を考えた話をすることができるようになります。
（3）終わったら、感想を発表させましょう。伝え合うことの楽しさを、十分味わえたという感想が出れば、この対話のスキル練習のねらいは達成できたといえます。
（4）感想は、自分の話し方のよさや友だちの聞き方のよさに気づくような交流の場になるようにしましょう。

78 友だちをつくろう！

　新学期はクラスがえなどで、新しい友だちとの出会いがあり、とてもわくわくする反面、少し不安もあります。でも、勇気を出して、積極的にコミュニケーションの機会を持つことで、今まで知らなかった友だちと親しくなったり、おたがいが理解し合ったりできるチャンスの時期でもあります。
　ここでは、友だちに「好きなもの」や「きらいなもの」について質問し、遊びながら、友だちを理解したり、自分を知ってもらうゲームをします。あまり話したことのない友だちとも、今まで親しかった友だちとも、より身近な関係になれるでしょう。

◎ ねらい

● 友だちにいろいろな質問をすることで、今まで知らなかった友だちの一面に気づき、その友だちへの理解を深めます。

● 自分の考えをわかりやすく伝えるために、「結論を言ってから、理由を言う」というコミュニケーションの方法を練習します。

◎ ゲームの展開

1 リーダーをかこんで…

リーダー
さあ、みなさん、これからゲームの説明をします。わたしの説明をしっかりと聞いて、わからないことがあったら、最後に質問してください。

❶ リーダーをかこんで、教室などで机や椅子を片づけた広いスペースに、一重の円をつくって座ります。リーダーは、子どもたちがつくる円の中心に立って、ゲームのやり方を説明します。

2 リーダーが拍手をするのに合わせて…

リーダー
わたしのあとについて、拍手をしましょう！
さん、はい、パチ。

❶ リーダーがゲームのやり方を説明します。リーダーが両手で拍手をする回数に合わせて、みんなが拍手の回数を数えながら同じ回数だけ、リーダーと交互に拍手をし合います。

みんなでチャレンジ！ コミュニケーション・ゲーム

❷リーダーは、拍手を突然やめます。みんなは、そのときの拍手回数を確認して、拍手の数の人数だけ友だちを集めます。3回だったら3人、○回だったら○人。拍手がとまったら、拍手の数だけの仲間が集まり、手をつないで小さな円になって座ります。

3 人数ぶんの輪になって…

❶リーダーは、みんなが小さな円をつくって、その場に座るように指示します。それから、ジャンケンなどで質問者を決めます。

4 質問の開始…

リーダー
最初は「○○は好きですか。きらいですか。」と聞きます。
そのあとに、「それは、なぜですか？」と聞きましょう。

 サッカーは好きですか？
 はい、好きです。
それはなぜですか？
わけは、ワールドカップがおもしろかったからです。

❶リーダーは、質問の仕方を説明します。小さなグループで輪をつくり、質問者が友だちにつぎつぎと質問していきます。

リーダー
こんどは、ちがうグループをつくりましょう。
いろいろな人とグループをつくってみましょう。

❷リーダーは、全員に質問し終わるタイミングを見て、新しいグループづくりを行ないます。拍手の数で人数を変えたり、男女の人数を指定したりするのもよいでしょう。最後に感想を話し合いましょう。

Point

（1）質問の仕方や質問の内容を、リーダーが例示してからはじめるとよいでしょう。
（2）質問の内容については、最初は、リーダーが与えてもよいです。次第に子どもたちから独自の質問が出てきます。人を傷つけたり、いやな思いをしたりするような質問はしないことを、約束させておきましょう。
（3）同じ友だちと固まらないように、グループがえをするときには同じ人とならないなど、条件をつけてもよいでしょう。普段、話すことが少ない友だちと交流を図ったり、相手のことを知ったりする機会になります。
（4）リーダーは、子どもたち全員がグループに入れたかを必ず確認します。グループに入れず迷っている子どもなどへの配慮を忘れずにしましょう。

79 クラスのみんなと仲よくなろう

　質問されたり、それに答えたりする活動をとおして、クラスの活発なことばのやりとりを行なうゲームです。質問する側の友だち（参加者）が、はじめに決めておいたキーワードとなる「ひとつの言葉」を決めます。それからイメージをふくらませて、順に質問をしていきます。また、質問される側の友だち（回答者）は、その内容をよく聞きとり、秘密のキーワードをイメージし、質問内容をつなぎ合わせ、「ひとつの言葉」は何かをさぐりあてます。クラスの友だちとのコミュニケーションがどんどんはずみ、質問したり答えたりする楽しさを味わうことができます。
　クラスのみんなの関係を深めるために役立つゲームです。

◎ ねらい

- ひとつのことばからイメージをいろいろとふくらませ、それをもとにして、いろいろな質問内容を考え、回答者に伝えるゲームです。
- このゲームをつうじて、自分のイメージを相手に伝えたり、それに答えたりしながら、おたがいのやりとりと、ことばの持つ力を学習します。

◎ ゲームの展開

1 全員で大きな輪をつくりましょう

❶リーダーの指示にしたがって、参加者全員で大きな一重円をつくって座ります（教室などでは、椅子を使用するとよいでしょう）。

❷リーダーは、参加者の中から質問を受ける回答者を一人選びます。回答者は黒板などを背にしてみんなの方を向いて座ります。他の参加者は、回答者を中心にして座ります。

2 回答者を選び、短冊のことばを考えましょう

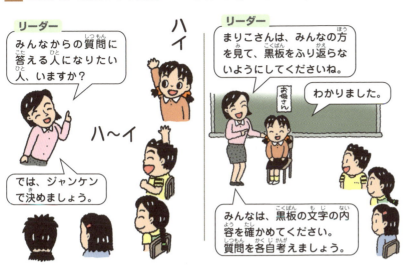

- ❶ リーダーは、短冊などの紙に大きくひとつのことば（たとえば、「お母さん」など）を書いて黒板にはりつけます。このとき、回答者は黒板の短冊に書かれた内容を見てはいけません（必ずこの約束を守ること）。
- ❷ 短冊の代わりに、黒板に文字で書いてもいいです。

3 さあ、質問開始！「好きですか？きらいですか？」

- ❶ 最初にリーダーは、回答者に「それが好きですか？ きらいですか？」と質問します。回答者は「それが好きです」「それがきらいです」のどちらかでこたえます。
- ❷ 黒板の短冊（文字）を背にする回答者は、そこに書かれたことばがわかりません。また、そのことばが物であるか、人であるかもわかりません。

4 そのことばに関連することを、質問しましょう

- ❶ 短冊（黒板）の文字を知っている参加者は、書かれていることばに関連していることを、回答者に向けてつぎつぎに質問します。
- ❷ 質問は必ず、「それは○○ですか」という指示語を使って行ないます。

5 やりとりがつづき、回答者は正解を推測していきます

- 参加者と回答者の間でいろいろな質問と回答がくり返され、やりとりがつづきます。回答者は、参加者の質問内容をもとに、短冊（黒板）に書かれた正解を推測します。

6 十分にやりとりをしたあと、回答者に答えを言ってもらいます

- 質問と答えのやりとりが十分行なわれたあと、リーダーは、回答者に答えを言ってもらいます。回答者は答えのあと、ふり返って短冊（黒板）の正解を確認します。

7 正しくても、まちがっていても、たがいにほめ合いましょう

- リーダーは、回答者に向けてもう一度拍手をするように全員にうながします。ふたたび回答者を選び、ゲームをつづけます。最後に、質問や受け答えができたことを、たがいにほめ合いましょう。

> **Point**
>
> 　回答者が最初に「好きです」「きらいです」と答えることで、その後の質問内容との整合性や、ちぐはぐな答えを楽しむことができます。回答者は答えを知りませんから、たとえば短冊に書かれた「お母さん」ということばの問題に「きらいです」と答えると、子どもたちからは「ええーっ」などという声があがります。参加者は、正解そのものを言わないようにいろいろな質問を工夫します。ことばによる表現を豊かにする効果も期待できるでしょう。
>
> 　ゲームを実施するときは約束を守らせましょう。たとえば、質問の仕方、聞き方など、子どもの実態に応じて決めておくとよいでしょう。
>
> 　短冊のことばの例…
> 「アニメのキャラクター」「食べもの」「遊び（なわとび）」「乗り物」「動物」…。

ほめるトレーニング

ほめるスペシャリストになろう

　ほめらるとだれでもうれしい。友だちのいいところ、がんばったところを素直にほめることができる人ってステキだよね。ちょっとてれくさいかもれないけど、すごいなと感動したらそのままの気持ちを、顔やからだの表情に出してみよう。じぶんだったらどんなふうに言われたらうれしい？

■好きなほめことばに、○をつけよう。そして、今日中に使ってみよう！

わぁ〜〜〜!!	やった〜	すご〜〜い！
いいなあ〜	カッコイイ！	すばらしい！
すごいじゃん！	がんばったね！	やったね！
おめでとう！	これからもがんばってね！	バッチグー
イェ〜〜イ!!!	すてき！	いいね！
やる〜	さすが〜	日本一！

80 自分のもめごとを

日常生活の中では、小さなことから大きなことまで、いろいろなもめごとが起こります。もめごとが起こることは、けっしてマイナスな面ばかりでなく、そのもめごとをひとつずつ解決することによって、自分が成長していく貴重な生活体験になります。ひとつのもめごとを解決することで、つぎのもめごとの解決のヒントをえることもできます。ここでは、もめごとを解決するためのプロセスを覚えましょう。成功すれば「もめごとは解決することができる」という自信を持つことにつながってい

1 もめごとの内容をはっきりさせましょう

① ねぇ！約束は守ってよ！きみはぼくのマンガの本をいったいいつ返して…

② ちょっと待って～！何の話だよ！それよりぼくがウソつきだってみんなに言いふらすなんてひどいじゃないか！

! もめごとが起きたとき、どのような原因やどのような理由で起きているのかを、聞いた話や自分の考えを言う前に確かめることが大切です。

2 話し合うときの約束を決めましょう

相手が話しているときは、最後まで聞くように。

悪口やいやみを、言わないことにしよう。

! つぎのようなことが、大切です。
①相手が話しているときは、最後まで聞く。
②話し合いのやり方に不満や不公平がある場合は、きちんと伝える。
③事実にもとづいて、正直に話す。
④悪口や中傷を、言わない。
⑤たがいに相手の言ったことを要約して確認する。

解決するには…

きます。もめごとに出会うことも、それを解決することも、あなたにとって大切な生活体験なのです。
　もし、自分たちだけで解決できなかったら、まわりの大人に相談することも大切なことですね。

● 人の話をじょうずに聞こう

● 自分の気持ちをじょうずに伝えよう

● 自分で考えよう・みんなで考えよう

3）話し合いをすすめましょう

① きみは、ぼくが返してもらうはずのまんがの本を、まだ持ってこないよね。

② 朝、急いでいて、忘れてしまったんだよ。明日返すよ。

③ 先週からだよ。同じことばかり言ってるよ。本は、ほんとうにいつ返してくれるの？

④ うーん、もう一度明日まで待ってもらえない？

> おたがいが問題点を、順番に言うようにしましょう。Aが話したら、その内容をBが要約して確認する。Bが話したら、その内容をAが要約して確認する。それぞれ自分の望むことをはっきり伝え、問題の解決策をリストアップしたり、メモするなどして、おたがいが確認できるようにしましょう。

4）もめごとの解決策を提案し、決めたことを守りましょう

① じゃあ、こうしようよ。今日、家に帰ったらすぐに、きみのところに持って行く。

② うーん、今日は習いごとがあって家にいないんだ。明日、必ず持ってくると約束してくれる？

① え、いいの？　わかった、約束する。こんどは忘れないね。それと、今日まで忘れていてごめんね。

② うん、わかってくれればいいよ。明日の朝は、必ず持ってきてね。

> 話し合いをすすめる中で、問題解決の方向を探り、2人が合意できる解決策を決めましょう。

> もめごとを解決するために話し合ったことや、2人のあいだで合意したことを、じっさいに行なっていくことを約束しましょう。また、その結果が実行されているか、守られているかを確認していきます。必要に応じて再度話し合うことも大切です。

179

81 自分のもめごとを

　もめごとに直面したとき、絶対にさけなければならないのは、自分や人を責めることです。それではもめごとが解決しないだけでなく、解決からますます遠くなります。場合によっては、よけいにひどい状況になることもあります。

　そこで、ここでは「大人に相談する」という過程をとおして、自分でもめごとを解決していく筋道を学習していきます。大人に相談するということはけっしてあなたが弱いということではありません。あなたの考

1 もめごとの中心は何か、何が問題かを、紙に書き出してみましょう

お母さんが口うるさく言ってくることがたまらないよ。お父さんが単身で転勤してから、目立ってきたんだ。お母さん、いつも不きげんだし…。それに、小さいことでも文句ばっかり言うし…。

❗ ひとつひとつ、問題になっていること、問題の原因だと思われることを書き出していきます。ことばで書けなければ、絵や線で書いてもいいのです。

2 解決するための方法を、思いつくかぎり書いてみましょう

そのことについて、お母さんと話し合ってみる。

お父さんに電話する…。

何もしない…。

うちがいやだから、友だちの家にとめてもらう…。

❗ 「現実的ではない」「こんなのできない」と思うことでも、何でも考えたことは、全部書いてみましょう。

解決するには…

中学生

えの足りないところや、不十分なところをおぎなったり、あなたの考えのよいところを認めてもらうことです。ただし、大人があなたのもめごとを解決してくれるのではないのです。ですから、相談のまえに、自分でもめごとを整理しておくことが必要となります。①もめごとの中心は何で、何が問題になっているのか、②自分で考えた解決策は何か、③その解決策の問題点は何か、そうした点を自分でしっかりと考えてから、相談するようにします。

●人の話をじょうずに聞こう

●自分の気持ちをじょうずに伝えよう

●自分で考えよう・みんなで考えよう

3 解決のために、じっさいに行なってみたらどうなるか？ を考えてみましょう

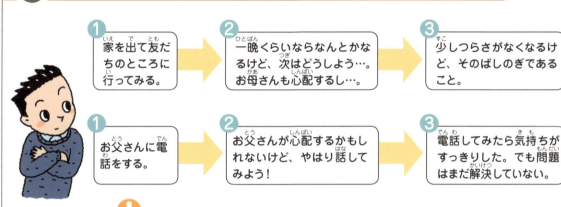

① 家を出て友だちのところに行ってみる。 → ② 一晩くらいならなんとかなるけど、次はどうしよう…。お母さんも心配するし…。 → ③ 少しつらさがなくなるけど、そのばしのぎであること。

① お父さんに電話をする。 → ② お父さんが心配するかもしれないけど、やはり話してみよう！ → ③ 電話してみたら気持ちがすっきりした。でも問題はまだ解決していない。

⚠ 解決までいかなくていいのです。その方法を行なったらどうなるかを、考えてみましょう。実行してもいいと思ったことはやってみて、そのうえで、どうなったかを書いておきましょう。

4 自分で書いた紙を持って、大人に話をしてみましょう

あのぅー

うん

⚠ 一番信頼できる人、たとえば学校の先生、カウンセラー、親戚の人に相談する場合、つぎの手順をふみましょう。
①相談があることを伝える
②相手の予定を聞く
③そのときに、自分の書いた紙を持って行く
④相談のあと、もう一度自分で考えた結果をその人に話しに行く

82 クラスのもめごとを

　日常の学校生活の中で起こるもめごとは、みなさんにとって問題解決のよい機会になります。そのとき、教師や親が調停役にならず、クラスみんなの力だけでもめごとを解決できれば、こんな素晴らしいことはありません。

　あなたはもしかして、大人にまかせておけば、苦労せずにもめごとが解決できると思っていませんか？　大切なのは、自分たちで問題を解決できる能力を身につけることです。もめごと解決への具体的な方法を知

1 たがいに責め合うことはやめましょう

悪い例

「休み時間にボールを使うのは、男子ばっかりです！」
「そんなこと言ったって、ボールはひとつしかないだろ。」

よい例

「ボールを、男子が独占しています。」
「クラスにボールがひとつしかないのが、問題です。」

! ①もめごとが起きたときには、感情が先に立ち、もめごとの問題点が不鮮明になりがちです。
②相手が悪いと責めるだけではいけません。何が問題なのかを冷静に見きわめることが先決です。

! ①事実を見つめ直し、問題点を明確にしましょう。（質問する・他の人に聞く……）。
②もめごとが起きた原因や理由に着目し、そのもめごとで起きている事実を確かめ、もめごとの問題点を明確にしましょう。

2 自由に意見を出し合いましょう

「男女交代で使いましょうよ。」
「体育の先生に言ってさ、クラスボールを増やしてもらおう。」
「男女いっしょに、遊んだら。」
「ボールを使わなくても、遊びはいっぱいあるよ。」
「みんなで使おうよ。」
「仲よく遊べばいいよ。」
「となりのクラスからかりたり、一緒にやったりしたら…。」

! もめごとの問題点が明らかになったら、それを解決するためにはどのような方法や手段があるか、みんなで自由に意見を述べ合い、解決策を出し合いましょう。

解決するには…

り、学校生活の中でのそうした場面を生きた学習のチャンスと考え、自分たちの力でもめごとを解決していくことが大切なのです。

問題解決に向けた話し合いの中で、たくさんのやりとりを体験してみましょう。そうして得た体験は、あなたをひとまわりもふたまわりも大きくし、あなたに大きな自信を与えてくれます。

●人の話をじょうずに聞こう

●自分の気持ちをじょうずに伝えよう

●自分で考えよう・みんなで考えよう

③ もっとも適した方法を選びましょう

「男女いっしょに遊ぶのが、いいと思います。」
「はーい、賛成です。」

❗話し合いの中で、おたがいに納得し合える方法、実現可能なもの、効果的なものを選び出しましょう。

「毎週月曜日と木曜日の休み時間は、男女混合でドッジボールをします。」
「みんなで仲よくやろうぜ。」

❗みんなの話し合いで決めた解決策にそって、おたがいが約束や行動を実行します。やってみた結果を検討・確認し合い、評価し合います。

④ 問題が解決します

解決がうまくいかない場合は（2）にもどる

「きゃーっ。あてないでえ。」
「あぶないあぶないほーっ。」
「いっしょにやると楽しいね。」
「にげろー！セーフ。」
「よっしゃあ。」

❗話し合った結果の約束を守りながら、クラス全員が行動します。不都合が生じたときは、再度もめごと解決のプロセスを実行します。

83 クラスのもめごとを

「クラスで生活する」という集団生活の中では、いろいろなもめごとが生まれてきます。中学生のあなたに必要なのは、そのもめごとを自分たちの力で解決していくプロセスを身につけることです。担任の先生にたよるのは卒業し、どうやったらもめごとを解決できるのか、クラスの話し合いをとおしてその方法をさぐり、実行していくのです。

その場合、大切なことは2つあります。1つは、だれもが自由に意見を言い合える雰囲気や、全員の意見を大切にする姿勢がクラスにあるかと

1 リーダー会議を、開きましょう

クラスの授業のことが問題になっているね。うるさい人が出てきているよね。

うん

そうね…

! クラスの学級委員が、班長、委員会のメンバーを集め、もめごとは何が原因で、何をどう話し合えばいいのか、クラス討議の筋道を決めていきます。そのさい、担任の先生に入っていただいてもいいでしょう。少なくとも、担任の先生には、①何を、②いつ話し合うのかを伝え、日程については相談しておきましょう。

2 全員の意見を板書しながら、すすめましょう

原則
①だれの意見でも、大切に聞きましょう。
②すべてを書き出していきましょう。
③似たような意見や考えも出させましょう。

! ①問題点がはっきりしたら、クラス全員に向けて発表し、話し合いましょう。
②ひとつひとつの意見、考えを大切にしながら、話し合いをすすめましょう。

解決するには…

いう点、もう1つは、話し合いをすすめていけるリーダーがいるか、という点です。

あなたのクラスに、そのどちらも見あたらなくても…心配はいりません。あなたがこの方法を知ったのですから、もっとも信頼しているクラスの友だちとどんどん協力して、自分たちのクラスをよくしていきましょう。

3 解決策をみんなで決め、紙に書いて掲示しましょう

! 解決策は具体的であること、クラス全員がわかること、実行できること…と、なっていますか？

4 もう一度リーダー会議を開き、(3)が実行されているかを確認しましょう

! ある期間をおいたら、もめごとが解決の方向にむかっているかどうかを、確認することが大切です。そして、必要ならば、再度クラスの話し合いを持ちましょう。

友だちのケンカを

みなさんは、ケンカをしている友だちがいたらどうしますか？　そのふたりが自分たちで解決できる場合はいいのですが、解決できそうにない場合もあるでしょう。そんなときには、力を貸してあげましょう。そのときの手順は、つぎのとおりです。
（1）ふたりの言い分が聞けるように、並んでいるふたりの間に、三角形ができるように立ちます。
（2）A、Bそれぞれの話をよく聞きます。くいちがいがないかどうかを、

1　ふたりに声をかけ、それぞれの言い分を聞きましょう

2　つじつまの合わない部分を、あきらかにしましょう

ふたりが話すことを、それぞれに確認します。

とめるには…

ひとつひとつ確かめます。
（3）くいちがいがある場合は、関係する友だちの話も聞き、問題点をあきらかにしていきます。
（4）それぞれの反省点を述べさせます。自分が失敗したところを思い出してもらい、つぎに生かすことを明確にするためです。
　自分たちの力で解決できます。手順にそって実行してみましょう。

● 人の話をじょうずに聞こう
● 自分の気持ちをじょうずに伝えよう
● 自分で考えよう・みんなで考えよう

3 それぞれが反省したことを、話し合いましょう

話し合いができてよかったね！問題点がはっきりしてそれぞれ反省しなくてはいけない点が見つかって…。

ヘヘッ

ごめーん

！ それぞれの考えを、相手にはっきりと伝えるように仲だちしましょう。

4 話し合いの結果を確認しましょう

フフッ

思いちがいをしていたことがわかってよかったね。こんどこんなことがあったら、また落ち着いて話し合うようにしようね。

友だちのケンカを

　教室や廊下でケンカをしている友だちを見たら、あなたはどうしますか？　からだの大きな友だち同士がとっくみ合いになってしまった場合など、どうやってとめたらいいのか、困ってしまうこともあるでしょう。

　もしケンカが起きてしまったら、まずしなければならないのは、ケンカをやめさせることです。まわりの状況にもよりますが、学校の中ならば、みんなで協力して注意をし、ケンカをしている友だちをひきはなして、落ち着かせます。場合によっては、先生を呼びに行くことも必要になり

1 ケンカをとめ、大人を呼びにいきましょう

注意をする　**やめさせる**　**ひきはなす**　**場合によっては大人を呼ぶ**

2 落ち着かせ、それぞれの理由や気持ちを言わせましょう

❶ ケンカになってしまった理由を、教えてね。どうしてそうなってしまったの？

❷ たかしからちょっかいを出してきたんだ。ぼくは、何もしていないよ。

❸ そうなんだ。それで腹が立ったんだね。

①興奮した気持を落ち着かせ、それぞれに事情を聞いていきます。「正しい」とか「まちがっている」とは言わずに、話をさせましょう。聞いたことはメモにとりましょう。
②話を聞いたあとで、自分の理由と自分の望むこと、解決策を紙に書かせます。

とめるには…

ます。そのうえで、それぞれの理由や気持ちを言わせ、おたがいの理由や気持ちをわかり合えるように話し合わせていきます。

ちょっとしたケンカだったら、大人の力を借りずに仲裁（仲直りへの仲だち）ができるようになれたら、いいですね。

- 人の話をじょうずに聞こう
- 自分の気持ちをじょうずに伝えよう
- 自分で考えよう・みんなで考えよう

3 おたがいに確認し合えるように、リードしましょう

❶ 先にちょっかいを出したのはぼくだけど、何だかいつもバカにされている気がしてたから…。

うんうん

❷ たかしがちょっかいを出したことに腹が立ったんだ。それで、ぼくもつい…。そのあとはカアーッとしてしまって、あまり覚えていないけれど。手を出したことは、悪いと思っているんだ。

❗ ①（2）で書いたメモ、おたがいの書いたものをもとに、ひとりずつケンカをした理由と気持ちを話させます。
②おたがいの気持ちがわかり合えるように、手助けしてあげましょう。

4 「これからどうしたらいいか」を、話し合わせましょう

❶ ぼくは、これからは、ちょっかいは出さないようにする。もっとふつうに話をするようにするよ。

❷ ぼくも、絶対に手を出さないって約束する。それに、自分では気がつかなかったけど、ことばづかいにも気をつける。

❗ たがいに「これならできる」という方法を、考えさせましょう。

友だちに注意をする

友だちが悪いことをしていたら、みなさんはどうしますか？　見て見ぬふりをしてしまう人もいるでしょう。それではよい友だち関係はきずけませんね。ふだんから、何でも言える友だち関係をつくっておきましょう。

親しい友だちには、悪いことをしていたらその場で注意ができます。でも、あまり親しくない場合は、どのように声をかけるとよいのでしょうか。

1 見て見ぬふりをしていませんか？

① さちえって、なまいきだよね。ぜったいに、口きくのやめようね。
② うん、そうだね。あっ、きたきた。みんな、絶対に話しちゃだめだよ。
③ ねえ、えみちゃん。今日、いっしょに遊ぼう。
④ ……。
⑤ ……。
⑥ ……。

2 「どうしたの？」と声をかけてみましょう

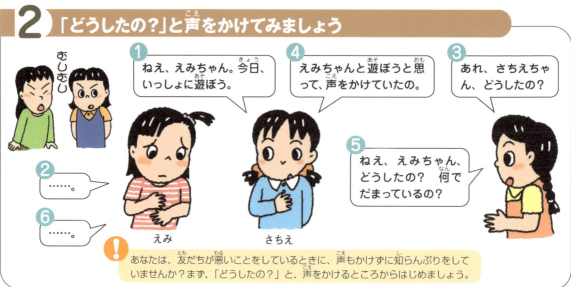

① ねえ、えみちゃん。今日、いっしょに遊ぼう。
② ……。
③ あれ、さちえちゃん、どうしたの？
④ えみちゃんと遊ぼうと思って、声をかけていたの。
⑤ ねえ、えみちゃん、どうしたの？　何でだまっているの？
⑥ ……。

❗ あなたは、友だちが悪いことをしているときに、声もかけずに知らんぷりをしていませんか？まず、「どうしたの？」と、声をかけるところからはじめましょう。

には…

何か気になることが起きた場合、まずは、「どうしたの？」と、しぜんに声をかけてみましょう。そして、相手が話すことと事実とにくいちがいがないかを確かめながら、聞くことがよいでしょう。あせらずゆったりとした気持ちで、聞き出していきましょう。自分がしたことを語らせることにより、自分の失敗に気づくようになります。

●人の話をじょうずに聞こう

●自分の気持ちをじょうずに伝えよう

●自分で考えよう・みんなで考えよう

③ いけないことは、「いけないよ」と、声をかけてあげましょう

① ねぇ、口きくのやめようなんて言うの、やめなよ。

② うるさいな。そんなこと言うなら、かおりも無視するからね。

③ そうやって人をおどすのは、よくないよ。

④ そ…、そうだよ。自分がそんなことされたら、いい気持ちがしないでしょ。

⑤ わかったわよ。やめればいいんでしょ。

えみ

❗ ほんとうに仲のよい友だちならば、悪いことは悪いと声をかけなくてはいけません。いけないことを注意し合えるのが、ほんとうの友だちだからです。

④ 友だち同士で注意し合えたことを、先生に報告しましょう

① 先生、りかこちゃんたちがさちえちゃんと、絶対に口きくのやめようって言っていたから、そんなことするのはやめなって、注意したのです。

② へぇ、そうだったの。注意ができて、りっぱだわ。でも、なぜ口をきくのをやめようってことになったの？

③ さちえちゃんがなまいきだから、と言っていたけれど、とくに理由はないようです。そんなことをしたりかこちゃんたちは、さちえちゃんにごめんねって、あやまっていました。

④ そう、しっかりと解決ができたのね。学級のみんなにも聞いてもらうといいわね。

友だちに注意をする

　中学生ともなると、行動範囲も交友関係もひろがり、学校外でのちょっとしたつき合いから、暴力、恐喝、いじめ、喫煙、飲酒、シンナーといった問題に発展してしまうことがあります。ふだん仲のよい友だちが、そういう悪いことをしている場面に出会っても、注意することはとてもむずかしいことです。その友だちとどのくらい仲がいいか、どのくらい信頼関係があるかによって、対応がかわってくるからです。
　ここでは、どのように対応していけばいいのか、その方法を学んでい

1 見て見ぬふりをしていませんか？

あれって、もしかして…！

2 友だちと一対一で話し、あなたの気持ちを伝えましょう

❶ 昨日のことだけど。帰ってからも、とっても心配だったんだ。どうしたんだ？先輩とあんなことして…。

❷ ……。ほっといてくれよ。いろいろあるんだよ。それに、昨日がはじめてだし。

❸ そういうわけにはいかないよ。つよしが、あんなことするなんて、おれ、ホント心配だよ。あれが最初で最後ってことにしろよ。先輩にちゃんと断れよ。

には…

きます。そして、できる範囲で友だちにアドバイスしましょう。

　大切なのは、どんな場合でも信頼できる大人に相談するということです。たとえ自分で解決できると思っても、大人に知らせることは必要です。そのうえで、どうしたら、その友だちが悪いことをしていると自分自身で気づくことができるか、を考えていきましょう。

３ いけないことは「いけない」と、言いましょう

① おれ、やっぱり中学生がタバコはいけないと思う。体にも悪いよ。

② おれの勝手だろ。おまえには、関係ないよ。

③ 先輩に言われて断れないんだろ。だれか相談できる人に話したほうがいいよ。養護の鈴木先生なら、相談にのってくれると思うよ。

④ ……。

> ❗ 言いにくいことですが、勇気を持って、姿勢を正して、強い気持ちで「いけない」と、言いましょう。そして、大人に相談できるかどうかを確認しましょう。

４ 本人が相談できないときは、自分がかわってでも

① このあいだのことだけど。まだ、つづいているみたいだね。鈴木先生に、まだ相談してないんだって？

② ホント、ほっといてくれよ。

③ そういうわけにはいかないよ。このままってわけにはいかないよ。ぼくもいっしょに鈴木先生のところへ行ってやるよ。なんならぼくから伝えようか。

④ ……。

> ❗ 本人が大人や先生に相談できないときは、あなたが信頼できる大人に話す承諾を得ましょう。

193

88 友だちがとつぜん

友だちがとつぜん暴れだしたときには、まず、ケガのおそれがあるかどうかなど、危険か安全かをすぐに判断しなければなりません。

もし危険なときには、「逃げること」「助けを呼ぶこと」「大人に知らせる」ことが大切です。

もし、危険がないときには、勇気を持って、相手にはたらきかけ、落ち着かせるように話してみましょう。

ただし、あなたと友だちとの今までの関係によってかけることばがちがってきます。

1 危険なとき…

先生、助けてえ！

だれか、先生に知らせてー！

うわぁ

! 近くの大人を呼びましょう。

! その場を逃げだすことも大切です。

2 危険でないとき…（1）

あまり知らない友だちが、暴れたとき

① お願いですから、危ないことはやめてください。

② みんな、手を借りてくれ。

! 直接本人に、ていねいにお願いしましょう。

! まわりの友だちに、協力を求めましょう。

暴れだしたら…

あまり話したことがない友だちに対しては、「こわいからやめてください」「お願いですから、危ないことはやめてください」などのように、お願いする口調で頼みましょう。

よく話したことのある友だちならば、「やめてよ」「あぶないことをしてはだめだよ」などのように、真剣に心から止めるようにします。

日ごろからコミュニケーションがとれていれば、たとえ暴れているときでも、あなたのことばが届くはずです。

③ 危険でないとき…（2）

④ 危険でないとき…（3）

友だちがとつぜん

興奮する、物を投げる、つき飛ばす、泣きわめく、かみつく、反抗する…。友だちが急にこういった状況になってしまうことがあります。そのまえには、サインが表情や口調に出てくるものですが、そのときにどんなふうにすれば防ぐことができるのでしょうか？　また、もし、友だちがそうなってしまったら、近くにいるあなたはどうしたらいいのでしょう。

とつぜんコントロールができないほど暴れだしてしまう、というのはずっと感じていた不安やストレスが、何かのきっかけで爆発するのです

1 「どうしたの」「何かあったの」「だいじょうぶ」と、声をかけましょう

真剣な表情で　**静かな落ち着いた声で**　**相手の目を、しっかりと見て**

2 まわりの人の安全を第一に考えましょう

暴れている友だちから離れる　**まわりにある物をどかす**　**すぐに、大人を呼ぶ**

暴れだしたら…

から、まずは、その不安やストレスをやわらげることが大切です。そして、とにかく落ち着かせることを第一に考えましょう。相手のことばに腹を立てたりするのは意味がありません。何よりケガにつながらないよう、暴れている友だちと、まわりの人の安全を優先させることが大切です。原因をはっきりさせるのは、それからです。

③ 怒りの頂点がすぎたら、友だちをことばで落ち着かせましょう

❶ おれはバカじゃないぞー。

❷ もちろん、バカなんかじゃないぞ。ちょっと深呼吸してごらん。

❸ くやしいよぉ。わあー。なんでだよぉ。

❹ くやしいよね。なんでか、わからないよね。

❺ なんで、あいつに言われなくちゃいけないんだ～！！

❻ そうだよね。ねぇ、もう一度、大きく息をしてみようよ。

④ 友だちが落ち着いたら、話を聞きましょう

❗ できれば、信頼できる大人（学校カウンセラー・担任の先生・養護の先生）に、本人の話を聞いてもらい、指導してもらえるようにしましょう。

いじめを見たら…

いじめを見たときには、気づかないふりをしてはいけません。親や先生など、信頼できる大人の人に知らせるとともに、あなたにできることを考えていきましょう。

あなたのすべきことは、いじめっ子やいじめられっ子との関係によってちがいます。「いじめっ子とあなたが仲よし」ならば、いじめはしてはいけないことだと、本気で相手に教えてあげましょう。

「いじめられっ子と仲よし」ならば、「何をしてほしいですか？」とそ

1 いじめっ子と仲よしなら…

いじめは、してはいけないことだよ。

○○君は、すごくつらいと思うよ。

……。

2 いじめられっ子と仲よしなら…

どんなことがあったか、よかったら話して。

ぼくにできること、何かある？

……。

きみのお母さんに相談する？　先生に相談する？　電話で言う？　手紙にする？

! ①相手の今の希望を聞きましょう。
②解決法を、本人に選んでもらいましょう。

の子に問いかけましょう。その子のためにしてあげられることをいくつか話して、相手に選んでもらいましょう。

もし、「いじめられっ子ともいじめっ子とも仲よし」ならば、あなたが中心になって話し合いの場を提案し、解決するお手伝いをしてあげましょう。

もし、どちらの子とも仲よしでないなら、身近な大人にすぐに相談しましょう。あなたひとりでの解決は、むずかしいからです。

● 人の話をじょうずに聞こう

● 自分の気持ちをじょうずに伝えよう

● 自分で考えよう・みんなで考えよう

3 両方と仲よしなら…

① ふたりのあいだに何があったのかな？ ぼくが聞くから、話し合おうよ。

② ふたりとも、順番に話してね。

③ ○○君は、どんなふうに思ったの？

4 両方とも、あまり仲よしでないなら…

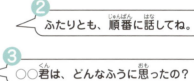

家で

お母さん、あの子のお母さんに知らせるのは、どうかな？

学校で

先生、少し心配ごとがあるんですが…。

いじめを見たら…

　いじめを見たとき、あるいは、いじめの場面に出会ってしまったら、どうしたらいいでしょう。
　ここでは、いじめられているのが、あなたの友だちの場合を考えてみましょう。そのとき、命に危険がある緊急な場合だと思ったら、すぐに大人に話してください。そしてどんな場合にもすぐにいじめをやめさせましょう。そのうえで、大人にうちあけるよう、説得してください。いつ、誰に話すのかを友だちに確認し、そのあとも、確かに話せたかどうかを

1 大人に連絡しましょう

2 いろいろな状況に合わせて、いじめをやめさせましょう

数人が、ひとりをこづいている

① ひとりではだめなときは、友だちを連れてきましょう。
② はっきりと！落ち着いた声で！

友だちの靴を隠しているのに出くわして

① 自分の気持ちをそのまま言いましょう。「ぼくは、こう思う」ということを伝えます。
② 姿勢を正して！　強く、静かに！

聞いてみてください。もし、本人から話せないでいたら、「自分が大人に相談していいか」を聞いてみてください。

　大切なのは、いじめを見たあなたが、全部解決しようとするのではなく、いじめられている友だちが自分で解決していくために、できるかぎりの手助けを考えることです。

3　どうすればいじめがなくなるのかを考えてみましょう

いつもは仲のいい友だちを、仲間はずれにしているとき

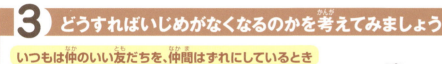

① みどりのことだけど、もう仲間はずれにするのやめようよ。いつまでも今のままなの、よくないよ。

② いいこぶって。ムカツクんだよね。

③ でも、いつも最近ひとりでいるの、かわいそうだよ。わたしは話してあげたいな。

④ でも、まだあやまってもいないんだよ。許せないよ。

⑤ こんど、みどりとも話してみてよ。いやなら、わたし、話してみようか。

❗ いつもは仲のよい仲間なのです。どうしたら話し合いの場面が持てるかを考えましょう。

4　いじめられている友だちと話し、大人に相談するよう説得しましょう

① 昨日のことだけど、先生、知っているの？

② ううん…。

③ 今日のうちに、話したほうがいいよ。

① 昨日、先生に話した？

② ううん…。話せなかった。

③ ぼくから、話してみようか？

❗ まずは、友だちの話を聞いてあげましょう。そのうえで、大人に相談するよう説得しましょう。

●人の話をじょうずに聞こう

●自分の気持ちをじょうずに伝えよう

●自分で考えよう・みんなで考えよう

201

不登校の友だちが

不登校の友だちにしてあげられることは、その子の状態によってちがいます。まずはその子がどんな気持ちでいるのかを、考えてみましょう。

その子が学校に行きたくない場合には、無理に学校に行くように誘ってはいけません。話をする機会をつくり、その子が好きなもの・好きなことを聞いてみるのもよいでしょう。そして、その子の好きなことをいっしょにするなどして、過ごしてみましょう。

学校に行きたいのに行けない場合には、学校に行けるようになる応援を

1 学校に行きたいのに行けない友だちのために（1）

先生と相談する

① あなたの考えや決意を、先生に話す、というのが重要です。
② そのためには、あらかじめいろいろ考えておきましょう。ノートに書きとめておくのもいいですね。

2 学校に行きたいのに行けない友だちのために（2）

友だちと相談する

みんなで、できることを相談し合い、決めていきましょう。

いたら…

してあげましょう。朝、むかえに行ったり、いっしょに勉強したり、学校で少しの時間でも勉強できるよう、お手伝いしてあげましょう。
　一番大切なことは、不登校の友だちに、心からの関心を持ってあげることです。友だちと思う心がなければ、ほんとうの解決にはつながりません。

●人の話をじょうずに聞こう

●自分の気持ちをじょうずに伝えよう

●自分で考えよう・みんなで考えよう

３）学校に行きたくない友だちのために

いっしょに遊ぼうよ！

どんな本が好きなの？パソコンゲームやる？

お菓子は、何が好きなのかなあー。

❗ 相手の好きなこと、やりたいこと、関心のあることを引き出しましょう。心を合わせることができれば、少しずつ可能性が出てきます。

４）友だちのためにいろいろ考えてみましょう

ようこちゃん、給食やそうじの時間、どうやって過ごしていたかなぁ…

またいっしょに学校で過ごせるといいなぁ…

教室の勉強で一番楽しいことって、何だったかなぁ…

❗ あなただけのイメージ・トレーニングをします。こうしたことで、あなたの願いや目的、あなたが何をすればいいかなどが、だんだん見えてきます。

93 不登校の友だちが

不登校の友だちにしてあげられることは、その子の状態によってちがいます。まずはその子がどんな気持ちでいるのかを、考えてみましょう。

その子が学校に行きたくない場合には、無理に学校に行くように誘ってはいけません。話をする機会をつくり、その子が好きなもの・好きなことを聞いてみるのもよいでしょう。そして、その子の好きなことをいっしょにするなどして、過ごしてみましょう。

学校に行きたいのに行けない場合には、学校に行けるようになる応援を

1 「いいところメッセージ」を送りましょう

- 掃除をいつもていねいにやっていたよね。ありがとう。
- 「おはよう」って言ってくれてうれしかったよ！
- 絵がうまい！うらやましい！

①クラスの全員がひとことずつ、不登校になっている友だちの「いいところ」を文章にします。
②小さなカードに書いて、リボンで結んでとどけましょう。

2 クラスの様子を伝える「ひとこと」を、色紙にしましょう

- 最近、英語のスペリング・コンテストがあったよ。
- 全員リレーで、おしくも2位だったけど、みんながんばったんだ。

文化祭、運動会、遠足、クラスのイベント、毎日の授業のようす、給食のときのこと…など。ひとことは、何でもいいのです。

いたら…

中学生

してあげましょう。朝、むかえに行ったり、いっしょに勉強したり、学校で少しの時間でも勉強できるよう、お手伝いしてあげましょう。
　一番大切なことは、不登校の友だちに、心からの関心を持ってあげることです。友だちと思う心がなければ、ほんとうの解決にはつながりません。

● 人の話をじょうずに聞こう

● 自分の気持ちをじょうずに伝えよう

● 自分で考えよう・みんなで考えよう

3　クラスでメンバーを決めて、「○○さんノート」をつくりましょう

① 休みはじめたときは、授業のことが気になるものです。ノートをとるメンバーは、教科ごとに、時間割りにそって…など、役割分担などを工夫して、「○○さん」ノートをとっていきます。
② 渡し方、届け方は、先生に相談して決めます。

4　手紙で、あなたの気持ちを伝えましょう

とても仲のよい友だちだったら…。あなたが心配している気持ちを、手紙で伝えましょう。

YES・NO ゲーム

みんなで楽しく意見を言おう

自分の意見を言うことになれるゲームです。
はじめはむずかしいかもしれないけれど、なれてくればおもしろいよ！

ゲーム人数・用意するもの
人数は３人以上
テニスボールなど

やり方
1. みんなで輪になります。
2. 最初の人が「テーマ」を決めて、左どなりの人にボールを渡します。
3. ボールを渡されたら、「テーマ」について「イエス」か「ノー」を答えて、その理由を言います。つぎの人にボールを渡します。
4. 一回りして、最初の人が自分の意見を言ったところで、この回は終わりです。

ルール
意見を言うとき、ほかの人と同じ理由はいけません。
だから、ほかの人の意見もじっくり聞かなければならないね。

テーマの例
・日本はいい国？
・アメリカはいい国？
・中国はいい国？
・子どもは勉強しないといけない？
・ケータイ電話は必要？
・一番大切なのは、お金？
・タバコは法律で禁止したほうがいい？
・レジぶくろはお金をはらった方がいい？
・「夢」を持った方が幸せ？

! 正しい意見、まちがっている意見と決めないこと。どんな意見もオッケー！とみとめ合おう。

3 話し合う力 編

自分のよいところを

ついついだれかとくらべて、「自分はだめだ」と落ち込み、自分のことがきらいになりがちです。すると、人とのコミュニケーションにも自信が持てなくなります。しかし、だれにでも必ずよいところがあります。自分のよいところがわかると、どんどん自分が好きになります。そして、一歩踏み出して、ほかの人とコミュニケーションをとる勇気もわいてきます。

●ワークシートの使い方

①自分の「よいところ」を10個、カードに書きます。
自分なりにがんばっていると思うところ、自分ですごいと思うところ、いいなあと思うところを考えてみます。
②見つからない場合は、自分の短所だと思うところを書き、見方を変えて、よいところにできないか考えてみます。たとえば、人見知りだと思う場合、「友だちを大切にできる」と言いかえられるかもしれません。

10個見つけよう

> **ヒント**
> 「えー、ないよ」「わからない」と言って書けないときは、得意なこと、好きなこと、していて楽しいと思うことをたずね、それについて書いてみます。それでも書けないときには、親や友だちに自分のよさを聞きます。最終的には、10個書けるように努力します。

■自分のよいところを見つけよう

★自分のよいところを 10 個書きましょう。

月　　日　　　　　　　年　　組（　　　　　　　　）

1	
2	
3	
4	
5	
6	
7	
8	
9	
10	

95 友だちに自分のよい

自分で自分のよいところを見つけるのは、なかなかむずかしいことです。そこで、何人かでグループになって、おたがいのよいところを指摘し合いましょう。また家でも、家族の人に自分のよいところを指摘してもらいましょう。自分では何とも思っていなかったことなども、よいところとして認められていることがわかり、自信がつきます。

●ワークシートの使い方

①シートに自分の名前を書いてとなりの人に渡します。
②渡されたシートに、本人のよいところを1分間でできるだけたくさんあげ、自分の名前を書きます。
③時間がきたら、シートをとなりの人に渡します。
　本人以外の全員が書き込んだら、シートを本人にもどします。
④もどったシートの内容を読み、一番うれしかったコメントに印をつけます。
⑤気づいたことや思ったことを書き、みんなで振り返りをします。

ところを見つけてもらおう

時間を十分にとって、友だちのよいところを考えます。「やさしい」「いつも元気」「字がきれい」「わからないとき教えてくれる」など、ふだん意識していなかった友だちのよさを発見できます。友だちのよいところを考えることで、自分のよさを発見するきっかけになります。

■友だちのよいところを見つけよう

★友だちのがんばっているところやすごいと思うところ、いいなあと思うところを、できるだけたくさん書きましょう。

月　日　　　　　　　　　　　　（　　　　　　　　　）さんへ

1	（　　　　　　）より
2	（　　　　　　）より
3	（　　　　　　）より
4	（　　　　　　）より
5	（　　　　　　）より
6	（　　　　　　）より
7	（　　　　　　）より
8	（　　　　　　）より
9	（　　　　　　）より
10	（　　　　　　）より

自分が支えられて

　だれもが、家族、友だち、地域の人など、たくさんの人に支えられて生活しています。これまでに、どんな人からどんな親切を受けたり、支えられたりしてきたかを思い出して、グループで発表し合います。自分を支えてくれている人の思いに気づくと、自分が大切な存在であると思えるようになります。そして、人と対話をすることへの勇気がだんだんと出てきます。

●ワークシートの使い方

①目を閉じて、これまでにどんな人からどんな助けを受けてきたかを思い出し、シートに書き込みます。
②その内容をグループの友だちに紹介します。
③友だちの話を聞いて思い出したことがあれば、シートに書き加えます。
④このワークをする前後で、自分の考えがどのように変わったのかについて話し合います。

生きていることに気づこう

ヒント
小さなことでよいので、時間をかけてゆっくり思い出します。思い出せないときは、先生や親に子どものころの体験を話してもらい、同じような体験をしたことがないか考えてみます。すると、少しずつでも書けるようになります。ゆったりとした気持ちでワークに取り組めるように、BGMを流すなど工夫するとよいでしょう。

■これまでにまわりの人から助けられたことを思い出そう

★小さなことでもよいので、時間をかけてゆっくり思い出しましょう。

月　　日　　　　　　　　年　組（　　　　　　　　　　）

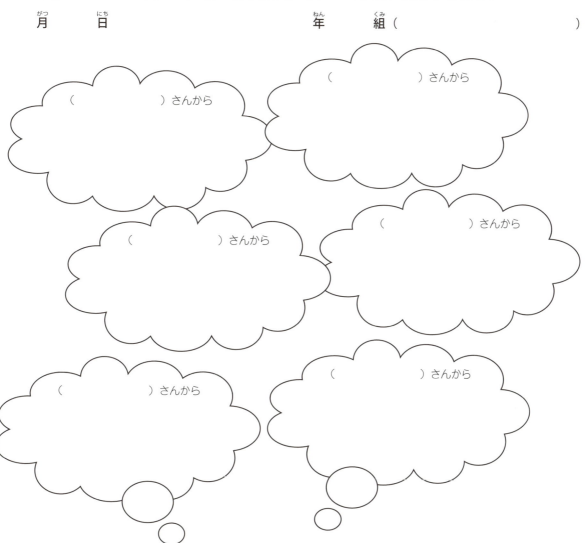

自分が人の役に立った

家の人や友だち、地域の人たちなどから喜ばれた体験はありませんか。それは、あなたのことば・行動などが、その人の役に立ったり、認められたりしたということです。
　そこで、自分が人の役に立った体験を思い出して書いてみましょう。そうすると、自分に自信を持つことができます。

●ワークシートの使い方

①人の役に立てたと思う自分の行動を1つでよいので思い出してシートに書きます。
②なぜその行動がその人の役に立ったのかを考えてシートに書きます。
③どうしたらもっと人の役に立てるか考えて、やってみたいことをシートに書きます。

体験を思い出そう

 ヒント

自分がまわりの人の役に立ったという体験はだれにもあるはずです。しかし、それに自分自身が気づいていないこともあります。家族といっしょにいて楽しかったこと、（学校）行事で役割を果たしたりしたことなどを思い出し、自分が人の役に立つ存在であることに気づきます。

■だれかの役に立ったと思った自分の行動を１つ書こう

★人に喜ばれたり、ほめられたりした体験を思い出します。

月　　日　　　　　　　　　　年　　組（　　　　　　　　　）

(1) 人の役に立った自分の行動は？	
だれの役に立った？	役に立てたと思う自分の行動は？

(2) なぜ、その行動が人の役に立ったのか？

(3) どうしたらもっと人の役に立てるのか？
どんなことをしたいか？

自分の短所を長所に

　自分のすべてが好きだと思える人はいません。だれでも、自分の好きになれない部分、きらいな部分があります。きらいな部分を見つめ直し、どうしたら直せるか考えてみましょう。また、短所は、見方を変えると長所と考えることもできます。短所を直す方法を見つけると同時に、長所に変える発想の転換ができると自信を持てるようになります。

●ワークシートの使い方

①シートの左側に直したい点を書きます。直したい点は、3つまでにしぼります。
②右側にどうしたら直せるか、方法を具体的に書きます。
③直したい点を、見方を変えて長所に言いかえます。

●短所
よく考えずにはじめて失敗する

●長所
行動力がある

変えてみよう

ヒント

口べたな子は、自分に自信が持てないでいることが多いものです。自分に自信を持つことが、口べたを解消することにつながります。そのためにも、自分の短所だと思う部分を直す方法を考えたり、見方を変えて、短所を長所と言い直す方法を身につけたりするとよいでしょう。

■自分の直したいところを長所に言いかえよう

★自分の直したい点をあげ、直す方法を具体的に書いてください。
★見方を変え、直したい点を長所に言いかえてください。

　　月　　日　　　　　　　　　　　年　　組（　　　　　　　）

直したい点	直すための具体的方法
●（例）せっかち	→● 行動を起こす前にやることをメモする やることの順番を考える やりたいこととやらなければいけないことを区別する
●	→●
●	→●
●	→●

直したい点	長所に言いかえてみよう
●（例）優柔不断で消極的	→● 物事をじっくり考えることができる
●	→●
●	→●
●	→●

99 1カ月後、3年後、

「想像できることは実現できる」という格言があります。将来の夢を考え、その実現に向けて1カ月後、3年後、10年後の目標を立ててみましょう。目標を細かく具体的に定めることで、やる気が出てきます。やる気が出ると、少々つらいことでもがんばってやりとげることができるようになり、それが自分への自信につながります。

●ワークシートの使い方

①将来の夢を書きます。
②1カ月後になりたい自分を書きます。夢の実現に向けて、今がんばっていることと、これからがんばりたいことを考えます。
③3年後になりたい自分を書きます。中学生、高校生になり、夢に近づいた自分の姿を想像します。夢の実現に向け、今から調べられること、努力できそうなことを考えます。
④10年後になりたい自分を書きます。10年後には夢を実現した自分がいます。そうなるために、今から取り組めること、つづけてがんばっていくべきことを考えます。

10年後の目標を立てよう

> **ヒント**
> 夢の実現に向けて目標を立てるときには、1カ月後の目標、3年後の目標、10年後の目標というように、短期、中期、長期の3つの時期に区切って目標を立ててみます。そうすることで将来の自分の姿を具体的に考えることができるようになります。また、中学生や高校生の生活について調べてみるのも、目標の達成のために何をすればよいかイメージをしやすくするよい方法です。

■夢の実現に向けて目標を立てよう

★1カ月後、3年後、10年後になりたい自分を想像し、それに向けた目標を立てよう。

月　　日　　　　　　　　年　　組（　　　　　　　　）

わたしの夢　（　　　　　　　　　になって　　　　　　　　　をする）	
なりたい自分	そのためにすること
1カ月後の自分	
3年後の自分	
10年後の自分	

100 話しやすい人と

相手から話しやすい人だと思われることは、とても大切なことです。聞き上手の人の前では、いつもは口べたな人も何となく話しやすい雰囲気に背中を押され、自分でも考えられないくらいたくさん話せることがあります。相手が安心して話してくれるような聞き手になるためのコツを紹介します。

1 相手の目を見て聞く

相手の目をしっかりと見ながら聞くと、相手は自分の話を興味を持って聞いてくれると思ってうれしくなり、安心してもっと話そうと思います。

相手の目を見ながら話を聞けば、相手の考えや気持ちを理解することができます。

2 うなずきながら聞く

相手の目を見るだけでなく、話に合わせてうなずきながら聞くと、相手は自分の話を理解してくれていると思って安心し、自信を持って話をつづけられます。

思われよう

ヒント 2人1組になって、話しやすい人と話しにくい人を交互に演じてみましょう。話しにくい人の役は、そっぽを向き、何を言われても反応しないようにします。そして話の途中で関係ない話題を話します。話しやすい人の役は、相手の目を見て、話に合わせてうなずき、最後まで口をはさまずに聞きます。最後におたがいにどんなことを感じたか、話し合います。

③ 最後まで聞く

途中で相手が話を一時中断しても、静かに待ちます。自分の話をはじめてしまうと、相手は自分の考えを伝えきれなかったという思いがつのり、がっかりしてしまいます。

自分が話したくなったときは、話してよいかどうか確かめます。

④ 笑わないで聞く

みんなの前で発言したり、発表したりするときは、だれでも緊張します。言いまちがえたり、途中でつっかえたりします。

失敗を笑われるとショックですし、話の中身を否定されたような気がして、二度と人前で発言したくなくなってしまいます。笑わないで聞きます。

101 聞き上手になろう

「友だちと仲よく話したい」と思っても、何をどのように話せばよいのかわからず、うまく会話がつづかないことがあります。そんなときは、聞き上手になってみましょう。友だちの話にじっくり耳を傾け、あいづちを打ちながら考えに共感してあげると、友だちはもっと話していたい、自分は大切にされていると感じ、会話がはずみます。

1 あいづちを打ちながら聞く

きみもそう思わない？

そうだよね。ぼくもそう思うな

「なるほど」「へぇ〜」「そうなんだ」など、相手の話の内容に合わせて、あいづちを打ちながら話を聞くと、相手は安心して話すことができます。あいづちは相手の話の「、」や「。」のところで軽く打ちます。

2 相手の話をくり返す（オウム返し）

この前さ、○○遊園地に行ってさ、ジェットコースターに乗ったんだ

へぇ、あのジェットコースター乗ったんだ！

それでさ、大したことないと思ってたんだけど

うん

思ったより大きくて、すごいこわかったんだよ

そっか。こわい体験をしたんだね

相手がもっとも伝えたい部分をそのままくり返します。相手は「しっかり話を聞いてくれているな」と感じます。あいづちと組み合わせると効果的です。

ヒント　相手の話に興味・関心を持ち、集中して聞く態度を養います。相手がどんな気持ちで話しているかを想像しながら聞くことが大切です。人はそれぞれちがう考え方を持っています。相手の話にすぐに共感できなくても、「そういう考え方もあるのか」と相手の身になって話を聞くことが大切です。

3 相手の気持ちをくみ取る

相手の気持ちを考えて「○○って思ったんだね。」とそれを短いことばで代弁します。友だちは「しっかり、話を聞いてくれている。もっと話したいな」と思います。

4 話のつづきをうながす

相手の話のつづきをうながすことで、興味を持って真剣に聞いているということが相手に伝わり、相手は安心して話を進めることができます。

102 相手の伝えたいこと

人の話を正確に聞いていますか？　正確に聞いたつもりだったのに、後になって聞きちがいをしていたことに気づくこともあります。相手のことをきちん理解し、仲よくしていくためには、相手の話を正確に聞くことがとても大切です。
話を正確に聞くためのポイントを紹介します。

1 相手の方を向き集中して聞く

相手の方に体を向け、集中して聞くことが大切です。何かしながら話を聞いていると、大事なことを聞きのがしてしまうことがあります。

2 相手の一番伝えたいことを想像して聞く

相手の話を何となく聞くのではなく、相手が一番伝えたいことは何なのかを考えながら聞きます。

を正確に聞こう

ヒント

「きく」には「聞く」だけでなく「聴く・訊く」という漢字もあります。受け身的に話を「聞く」だけでなく、相手の伝えたいことを考え、さらには目からも「聴く」ことで、大事なポイントをとらえ、話の内容を正確につかむことができます。さらに、メモを取る、相手の話でわからなかったことなどを「訊く」習慣をつければ、より正確に聞く力が高まります。

3 大事なことがたくさんあるときにはメモをする

大事なことや、正確に覚えなくてはいけないことがたくさんあるときには、要点を短くメモしておくと、聞きのがしや聞きちがいを減らすことができます。

4 聞きのがしたこと、わからなかったことは質問する

聞きのがしたことや、わからないことがあったら、相手に聞き直します。聞き直すことははずかしいことではありません。わからないままにしておくと、トラブルや失敗のもとになります。

103 感想を話せるように

相手の話を聞き、それに対して自分の感想を話すというのはとてもむずかしいことです。感想を話すということは、「相手の話を理解したうえで、自分の感じたことや考えたことを話すこと」だからです。しかし、感想を話すということは、それだけで「話をしっかり聞いています」という意思表示になります。話を聞くときには、必ず感想を話すことができるように聞くことが大切です。

1 考えが同じだと思うところを見つける

話し手の意見に同感できる部分、共感できる部分を話すと、相手は安心します。

2 自分が知らないことを見つける

はじめて知る内容があれば、それについて感想を話すと、相手は自分の話が役立ったと感じてうれしくなります。

聞(き)こう

ヒント　聞き手が感想を話すことで、相手は自分の話した内容をしっかり聞いてくれたと安心します。そして、さらに心をひらいて、話をつづけることができます。聞き手が感想を話すことが、話を深めていくための原動力になります。

③ もっと知りたいと思うことを見つける

> アキコさんが話してくれた絵本の話はおもしろそうだね。くわしく知りたいな

相手の得意そうなこと、くわしく知っていそうなことを見つけ、それについてもっと知りたいという姿勢を見せます。すると、相手は自分の話に興味を持ってくれたことをうれしく思い、もっと話してくれます。

④ 自分なりの考えを持つ

> ぼくはお話を聞いて、やっぱり使うエネルギーそのものを減らさないとだめだと思いました

相手がもっとも伝えたい、考えてもらいたいと思っていることを探し、それに対して自分なりの意見を持つようにします。相手は話す意味があったと感じます。

相手が伝えたいことを

何か伝えたい、話したいことがあるのに、きちんと聞いてもらえるかどうかが不安で、それについてなかなか切り出せないことがあります。そのような友だちに気づいたら、安心して話しはじめられるようにきっかけとなる質問をします。友だちは、あなたが間違いなく話を聞いてくれると知って、喜んで話してくれるでしょう。

1 友だちの変化に注目する

髪型や、服装、持ち物に変化があったときには、それについて指摘してみます。また、楽しそうにしている、悲しそうにしているなど、いつもと様子がちがうときにはそれについてたずねてみます。

2 友だちの行動を観察する

友だちの行動をよく観察し、好きそうなもの、得意そうなものを見つけ、会話のきっかけをつくります。好きな理由や好きなものに関係のある話題を取り上げて、相手が話しやすい環境をつくります。

引き出す質問をしよう

相手の伝えたいことを引き出す力を高めるトレーニングです。相手の話を引き出すことは、相手が内面に持っているよさ（能力・才能）を引き出すことにもつながります。ただし、友だちがいやがりそうなところまで追求したり、さぐったりしないように気をつけます。

③ 以前に聞いたことに関係することを質問する

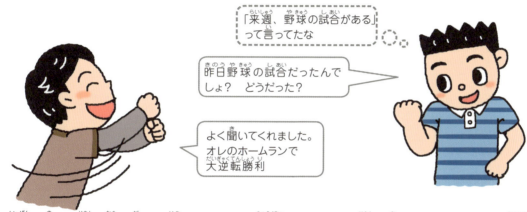

以前に聞いた話を思い出して、話しかけます。「兄弟がいる」という話を聞いたことがあれば、「何人いるの？」「何年生なの？」と聞いてみます。

④ 大切な点だと思うところを質問する

質問を求められたときには、大切だなと思うことをくわしく質問すると、相手は質問に答える形でリズムよく話を進めることができるようになります。

105 相手のほんとうに伝えたい

人は伝えたいことや自分の気持ちをいつも正確にことばで表現できるとは限りません。話を聞くときには、ことばを正確に聞き取るだけでなく、相手のほんとうに伝えたいことや気持ちを読み取ろうとする姿勢が大切です。「相手は何をどうしたいのか」ということをしっかりと理解し、自分なりにまとめます。すると「そうか、この人はこう感じたんだな」「この人はこうしてほしいんだな」という相手の「気持ちや意思」をよく理解することができます。

1 場面をイメージしながら聞く

頭の中で場面をイメージしながら話を聞きます。そうすると、相手の気持ちをより正確に理解することができます。

2 キーワードを思い浮かべながら聞く

相手の話を理解するために、どのようなできごとがあって、どんなことを感じたり、考えたりしたのかをとらえることができるキーワードをさがしてみます。

ことや気持ちを読み取ろう

ヒント　「場面をイメージしながら聞く」「キーワードを抜き出しながら聞く」ことを意識しながら相手の話を聞きます。たとえ舌足らずな説明や表現でも、相手の言いたいことや気持ちを理解してあげられれば、相手から大きく信頼してもらえることになります。

③ 「い・ど・だ・な・ど」に注意して聞く

相手の話が整理されていないときは、話をそのまま全部聞こうとすると、頭の中がごちゃごちゃになることがあります。

「い・ど・だ・な・ど」（いつ・どこで・だれと・何をして・どう思ったか）に注意して聞き、①〜⑤の順番に並べかえると、よく理解することができます。

④ 話の内容を図に表す

「い・ど・だ・な・ど」を上の図のように矢印を使って表すと、そのときの状況や気持ちをよりよく想像することができます。

106 気づいたり考えが変わっ

友だちの話や意見を聞いて「へぇ～！」「すごいなぁ」と思うことがあります。そうした驚きはそれまでの自分にはなかった新しい考えを見つけたということです。そのようなときは、友だちの意見のどの部分の、どのようなところをすごいと思ったのかを考え、相手に素直に伝えてみます。

1 「すごい」「なるほど」を大切にする

- お菓子屋さんがいいと思います
- 出し物はお化け屋敷がいいと思います
- なるほど！
- お化け屋敷に挑戦した人にお菓子屋さんで休んでもらえればいいんじゃないかと思います

友だちの意見にすごい、なるほどと感心したときには、その気持ちを素直に認めます。

2 意見のどの部分にどのように感心したのか考える

ぼくは（わたしは）お菓子屋さん（お化け屋敷）なんてぜったいやだと思ったのに、ケンジくんは、両方の意見をうまく取り入れているところがすごいな

友だちの意見のどの部分にどのように感心したのかを考えることで、新しい考えが出た理由がはっきりします。理由がはっきりすると、より納得できます。

たりしたら相手に伝えよう

ヒント

自分の考えや意見を変えることを「負けた」「はずかしいこと」などと考え、なかなか相手を受け入れられない子がいます。自分の考えが変わることを肯定的に捉えることで、視野が広がって思考が深まり、成長していきます。自分の意見を変えることはいいことだということを、意図的に体験させます。

3 自分の考えの変化に目を向ける

ぼくも最初はおばけ屋敷がいいと思っていたけど、たしかに、おたがいの意見を尊重する必要があるな。
ぼくもケンジくんの意見に賛成だな

友だちの意見のどの部分にどのように感心したのかを考えることで、自分の意見のどの部分が変化したのかが気づきやすくなります。

4 よい意見には感謝する

ケンジくんの意見のおかげで、みんなが納得して出し物を決められたよ。ありがとう

そう言ってくれると、ぼくもうれしいよ！

勇気出して言ってみてよかったな〜！
また何かあったら話してみよう

いい意見を出してくれた友だちには、感謝のことばをかけます。相手は自分の意見が取り入れられたことに喜びますし、自信もつきます。そして、何かのときにまた意見を言ってみようという気になります。

107 意見を否定されたときの

話し合いをしていると、自分の意見や考えを相手から否定されることがあります。意見を否定されるとはずかしく感じ、意見を言ったことを後悔し、自分がだめな存在に思えます。反対に、ついかっと頭に血がのぼって、けんかになってしまうこともあります。いつまでもそうした気持ちを引きずらずに立ち直る方法を身につけることが大切です。

1 まったく別のことを考えて気分転換する

自分の意見や考えに反対されたことをくよくよ考えて落ち込んでいても、先には進みません。少しその問題と距離をおいて、別なことを考えてみると気分が楽になります。

2 相手の立場に立って自分の意見を考え直す

自分の意見にこだわらずに、別の方法はないか考えてみたり、相手の立場だったらどのように感じるだろうかなどと自分の意見を客観的に見直してみます。

立ち直り方を身につけよう

ヒント

自分の意見や考えを否定されることは、だれもが体験することです。めげずに立ち直る力を身につけます。深く落ち込んだときにはすぐには立ち直れないかもしれません。時間をかけることも必要です。また、ひとりだけでは立ち直ることがむずかしい場合には、周囲の大人や友だちの助けを借りることも効果的です。

3 否定された理由を質問して解決法を考える

自分の意見のどの部分に反対なのか相手に質問します。つぎに解決法を考えて紙に書いてみます。自分の考えのよい部分がはっきりし、自分の意見が全面的に悪いわけではないことがわかり、立ち直りのきっかけになります。

4 落ち込んだ気持ちを友だちに話す

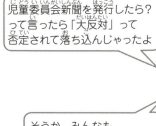

自分の意見を否定されて落ち込んだ体験を、思い切って友だちに話してみましょう。みんなも同じような体験をしていることに気づき、気持ちが軽くなります。

108 まずは声を出してみよう

　人前で話すのはだれにとっても勇気のいることです。
　話すことの第一歩は声を出すことです。そこで、まずは声を出してみましょう。ただ声を出すだけでなく、感情を込めたり、声の大きさや声色を変えたり、いろいろと工夫しながら声を出すことを楽しみます。そうするうちに、話すことへの勇気がだんだんわいてきます。

1 いろいろな声を出してみる

はじめは指導者の指示にしたがって、いろいろな声を出してみます。少し慣れたら、どんな声を出すか自分で考えて出してみます。

2 友だちと向かい合って声を出す

相手がいると話す意識が変わります。「聞いてもらう」という視点が入るからです。「はじめます」など、呼びかけることばを決めておくと、おたがいに話しやすくなります。

「教室の前と後ろにわかれて」「校庭の端と端に立って」と、おたがいの距離を遠くしていくと、相手に聞こえるように大きな声を出そうという気持ちになります。

ヒント

声を出すレッスンを継続していくと、最初は小さな声しか出なかった子も、だんだんと大きな声を出せるようになり、話すことに対する抵抗感がなくなっていきます。音読や朗読、群読、暗唱など発達段階に応じてさまざまな声出しレッスンに取り組むと効果が高まります。

③ 詩の暗唱に挑戦する

雨ニモマケズ
風ニモマケズ
雪ニモ夏ノ暑サニモマケヌ
丈夫ナカラダヲモチ
慾ハナク
決シテ瞋ラズ
イツモシヅカニワラッテヰ
ル
……
サウイフモノニ
ワタシハナリタイ
（宮澤賢治「雨ニモマケズ」より一部）

はじめは教科書の音読をくり返します。何度も読むうちに自然と文章を覚えます。

好きな詩を選んで、教科書を見ずに読みます。だれかに語りかけるように、詩が伝える思いを表現します。大切なことばはゆっくり読んだり、視線を動かしながら読んだり、自分なりに工夫しながらくり返し暗唱します。

④ 暗唱を聞いてもらって友だちにアドバイスをもらう

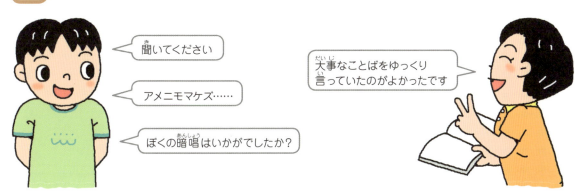

聞いてください

アメニモマケズ……

ぼくの暗唱はいかがでしたか？

大事なことばをゆっくり言っていたのがよかったです

暗唱に慣れてきたら、友だちに聞いてもらいます。聞いてもらえることが喜びになり、自信となります。「聞いてください」と呼びかけ、最後に「わたしの暗唱はいかがでしたか？」とたずねて、友だちに評価してもらいます。

聞き手がわかりやすく

せっかく勇気をふりしぼって話しても、言いたいことが相手にうまく伝わらないことがあります。その結果、「わかりやすく話すように」と言われてしまいます。

言いたいことが相手にわかりやすく伝わらないのにはいくつかの理由があります。自分が言いたいことを、相手にわかりやすく伝えるコツをいくつか紹介します。

1 語尾まではっきり言う

途中で声が小さくなってしまったり、話すのをやめてしまったりすると、相手に誤解されたり、言いたいことが伝わらなくなったりします。

自分の伝えたいことが聞き手に伝わるよう、語尾までしっかり話すことが大切です。

2 結論―理由―結論の順で言う

はじめに一番伝えたいこと（結論）を言うと、何を伝えようとしているのか、聞き手にわかりやすくなります。そのあとにそう考えた理由や、くわしい説明などをつけ加え、最後にもう一度結論をくり返すと説得力が増します。

聞き取りやすい工夫をしよう

2人1組、あるいはグループをつくり、話題を決めて話し合います。できるだけ「聞き手にわかりやすく」ということを意識します。最後に、たがいの話し方のよかったところ、わかりづらかったところを話し合います。
また、報告する、説明するなどの活動をたくさん体験し、聞き手がわかりやすい話し方を工夫するとよいでしょう。

3 強弱をつける

やってみよう！

昨日も、○○ちゃんと公園で遊んだんだ。
昨日も、**○○ちゃんと**公園で遊んだんだ。
昨日も、○○ちゃんと**公園で**遊んだんだ。

自分が伝えたい、大切なところにアンダーラインを引き、その部分を強くゆっくり言って、友だちに聞いてもらい、聞き手への伝わり方を比べてみましょう。

自分が一番伝えたい、大事なところは強くゆっくり言うようにすると、伝えたいことが明確になって、聞き手にもわかりやすくなります。

4 間を入れる

途中で間を入れると、「つづきを聞きたい」と思ってもらうことができます。同時に、話し手は聞き手の反応を確かめたり、話していることを頭の中で整理したりすることができます。

「〜でしょう?」「〜だと思いませんか?」などと問いかけ、少し間をおいて反応を確かめるようにすると、聞き手は関心を持って聞いてくれるでしょう。

110 話題を選んで印象に

はじめて話すときは、だれでも「相手にどう思われるかな?」とどきどきしたり、緊張したりします。

でも、相手はあなたのことを「知りたい」と思って聞いているはずです。そこで、話題を選んで、相手の印象に残る自己紹介をしてみましょう。コツさえつかめば、だれでも相手に伝わる自己紹介をすることができます。

1 名前の由来

自己紹介で一番重要なのは、自分の名前を相手に覚えてもらうことです。自分の名前の由来を紹介すると、聞き手の印象に残りやすく、自分らしさを表現することもできます。

2 自分の得意なことや好きなこと

得意なことや好きなことは、自信を持って話すことができます。聞き手は共感したり、自分とはちがうその人らしさを知ったりすることができます。

自分の得意なことは、実演してみるとよいでしょう。聞き手は、一気にひきつけられます。実演することで、自分らしさを表現することができます。

残る自己紹介をしよう

ヒント　自己紹介は、それをきっかけとして、自分のことを早く覚えてもらい、「もっと○○さんのことを知りたい」と思ってもらうことが目的です。そこで、3、4人程度でグループをつくり、各自の自己紹介が終わったら、そこでわかったことをもとに、質問します。

3 「あいうえお作文」を使った自己紹介

- ㊥ さしくて
- ㊞ じめ
- ㊟ けど、ものまねをして、みんなを笑わせることも大好き
- ㊟ いいくも得意で、ときどき
- ㊟ うかを走って先生に怒られます
- ㊟ ちのお母さん、「○○太郎」のファンだから「太郎」と名づけられた「山田太郎」です。

お題のそれぞれの字からはじめる作文を「あいうえお作文」といいます。自分の名前であいうえお作文をすると、相手の印象に残りやすくなります。あいうえお作文で自己紹介するときは、一文字ずつ紙芝居のようにして発表したり、ポスターのようにして一文字ずつ見せながら発表したりすると、楽しい自己紹介ができます。

4 道具を使いながら

実物や写真を見せながら自己紹介すると、視覚的な情報が入るので、聞き手の印象に残りやすくなります。そこから話題が広がって、自己紹介が盛り上がることもあります。

聞いてほしいという

最初から、上手に話そうとしすぎないことが大切です。うまく表現できなくても、聞いてほしいという思いを持っていれば、相手はきちんと受け止めてくれるでしょう。

しかし、どんなに聞いてほしいと思っていても、それが態度や話し方に表れていなければ、相手はあなたの思いに気づかないかも知れません。聞いてほしいという思いの表し方を練習してみましょう。

1 相手を見る

相手の目を見て話すと、思いがもっとも強く相手に伝わります。目を見るのがはずかしいときには、少し視線をずらして相手の顔全体を見るようにします。それもはずかしいときには、相手の方に体を向けて、全体を見つめるようにします。

2 「聞いて」と言って話をはじめる

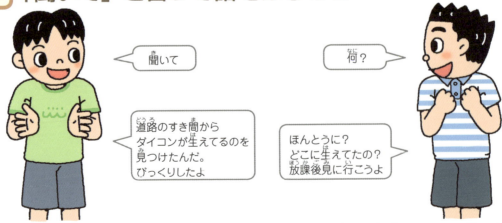

「聞いて」とか「知ってる?」など相手に語りかけることばを入れながら話すと、相手はしっかりと話を聞いてくれます。

気持ちを態度で示そう

ヒント
もじもじと下を向き、なかなか話し出せなかったり、反対に、自分の話したいことを一方的に話してしまったりすると、相手は聞こうとする意欲を失ってしまいます。相手の反応を確かめながら、興味を持って聞いてもらえるように話し方を工夫することが大切です。

3 話の終わりに質問がないかどうか確かめる

話の終わりに「質問はない?」と聞いてみると、相手を尊重する気持ちが伝わります。一方的に話すのではなく、話し手と聞き手がキャッチボールをするように会話できるとよいでしょう。

4 自分の話し方を点検してみる

■ **話し方のチェックポイント**
・みんなに聞こえているか、声が大きすぎないか
・早口になっていないか
・わかりにくいことばを使っていないか
・言い残したことはないか

相手の立場に立って自分の話し方を点検し、わかりづらいところがあるようならば、もう一度言い直します。

112 自分の考えをまとめて

急に意見を求められて、すぐ自分の考えを話すというのはとてもむずかしいことです。考えがあっても、うまくまとめられなかったり、ことばにできなかったりします。

話し合いの内容が決まっている場合には、前もって自分の考えをまとめておくと自信を持って話しやすくなります。さらに、聞き手にもわかりやすくなり、説得力が増します。

1 準備をして自分の考えをふくらませる

話し合いの前に、議題について調べたり、友だちや家族と話したりしておくと、見方や考え方が豊かになり、自信を持って自分の考えを話すことができます。

2 考えを整理する

自分の考えを、「→」を使って整理するようにします。1つの考えから「→」をのばして、そう考えた理由や根拠、具体例など、考えを支えることがらを書いていくと、短時間で簡潔に考えをまとめたり、ふくらませたりすることができます。

おこう

> **ヒント**
> 自分の考えをまとめておくだけでなく、なぜそう思ったか、どんな事例があったかなど、自分の考えを補強する材料を用意しておくとさらによい発言ができます。自分の考えをまとめておけば、ほかの人の考えを聞いて、自分の考えと比較し、自分の考えに取り入れて新しい考えを生み出すこともできます。

③ 話す順番を決める

タイトル		
	要点	理由・根拠、具体例など
1		
2		
3		
4		

話す内容や順序を決めます。メモをつくって、内容の要点を箇条書きにして、順序通りに並べます。

④ 話す練習をする

●練習のポイント
・伝えたい内容を意識し、メモの順序通りに話す
・聞き手にわかりやすい話し方を心がける
・話す時間をはかる

メモをもとに何度も話す練習をしておくと、本番でうまく話すことができます。練習の目的は、話す内容を丸暗記することではありません。伝えたい内容を意識して、順番通りに話せるようになることです。

113 効果的な資料を用意

　自分の考えを話すとき、資料があるとわかりやすく話すことができます。聞き手も、資料を読みながら話を聞くことができるので、理解が深まります。
　しかし、資料は効果的に使わないと、伝えようとすることがかえってはっきりしなくなることがあります。効果的な資料の集め方、選び方、使い方を工夫しましょう。

1 実物を使う

実物を見せながら説明すると、相手はのぞきこんだり、さわってみたりしたくなります。相手が興味を示してくれると、話すことがどんどん楽しくなります。

2 写真を使う

姿やようすを説明するときには写真を使って説明すると効果的です。ことばだけでは伝えきれない細かなこともひと目でわかるからです。

しよう

ヒント　本やインターネットによる資料だけでなく、写真・絵・実物などいろいろな資料があります。多くの資料から使えるものを選択したり、わかりやすく加工したりするなど、資料の有効活用のための方法を身につけます。

③ グラフを使う

「このグラフから円高が進んでいることがわかります」

ものごとの比較や変化を示したいときには、グラフや図を使います。ちがいや変化のようすを感覚的に伝えることができます。

④ キャッチコピーを使う

● 知らんぷりよりちょっと勇気 ●

「わたしはいじめのないクラスにしたいです」

「いじめられている人を見たら「知らんぷりよりちょっと勇気」を出して、友だちを助けられるようになりたいです」

キャッチコピーは、言いたいことを印象的なことばで、短くわかりやすくまとめたことばです。キャッチコピーを掲げると、言いたいことの要点をすぐに伝えることができ、聞き手も、話の内容に興味を持ってくれます。

114 勇気を出して自分の

勇気を出して自分の意見を言うのはとてもむずかしいことです。でも、自分の意見を言わなければ、相手と心を通い合わせることはできません。

勇気を出すにはコツがあります。意見を言う前にしておくべき準備や、意見が言いやすくなる話し方をマスターすれば、不安が消え、上手に意見を言えるようになるでしょう。

1 目標を立てる

絶対1回は発言するぞ！

「今日は最低1回は発言しよう」と目標を立てておきます。目標を立てると、それを達成しようという勇気がわいてきます。

2 話す順番を決めておく

今日は、これとこれを話そう。話す順番は……

あらかじめ自分が言いたいことを順序立ててメモしておきます。メモをたよりに話せるので安心し、意見を言う勇気がわいてきます。

意見を言おう

ヒント

いきなりみんなの前で意見を言う勇気が出ないときには、まず、まわりの友だちと意見を出し合ってみましょう。友だちの後押しがあれば、意見を言う勇気がわいてきます。意見を言えたら、友だちといっしょに喜び合えるし、自信もつきます。

３ 型にしたがって意見を言う

「わたしは〇〇〇〇という考えです」
「理由は△△△△だからです（理由）」
または
「わたしは□□□□に対して、賛成の立場です（言いたいこと、結論）」

1「自分の言いたいこと」「結論」、
2「なぜそう思ったのか」「理由」の順に意見を伝えます。
型にしたがって意見を言えば、話すときに迷いがなくなり、失敗する心配も減って勇気がわいてきます。

４ 「共感ワード」を言ってから意見を言う

「たしかに、その考えはいいね（共感ワード）」
「わたしは少しちがって、〇〇〇〇だと思うんだ（自分の意見）」
「ぼくの意見を受け止めてもらえたな」
「なるほど、そういう考え方もあるな」

●相手の意見を受け止める「共感ワード」
「たしかに〇〇はいいね」
「なるほど」
「いいね」

相手の意見に対して、反対の意見や異なる意見を言うのは勇気がいります。「共感ワード」を言ってから自分の意見を述べます。相手は、意見を受け止めてもらえたと思い、ちがう意見にも耳を傾けようという気持ちになります。

115 表情や身ぶり、手ぶり

相手に自分の思いを伝える手段は、ことばだけではありません。悲しかったとき、怒りが込み上げてきたときのことを思い出してみましょう。きっと、顔の表情はことば以上に悲しさや怒りを伝えていたはずです。

相手に自分の思いを伝えるときには、ことばだけではなく、表情や身ぶり、手ぶりなどをうまく使うことが大切です。

1 笑顔で話しかける

●笑顔で　　　　　　　　　　●仏頂面で

笑顔で話しかけると、親しくなろうとする気持ちが相手に伝わり、相手も心を開いて話を聞いてくれます。

2 声の調子と大きさに気をつけて話す

おはよう！

ぼくの意見は
〇〇〇〇するすることです

どうしたの？
だいじょうぶ？

同じ内容を話しても、声の調子や大きさ、話すスピードによって相手に与える印象が違ってきます。意見を言うときには、張りのある声ではっきりと言います。一方で、相手を気づかって声をかけるときは、やさしい声で話しかけるとよいでしょう。

などを加えよう

ヒント
　表情や身ぶり、手ぶりなどのことばを使わない表現方法は、ときに、ことば以上に伝える力を持ちます。笑った顔、怒った顔、悲しい顔、泣いた顔など、鏡を見ながらいろいろな表情を練習します。また、ことばを使わずに、身ぶり、手ぶりだけで気持ちを伝える練習をするのもよいでしょう。

③ 大事なところは身ぶり、手ぶりを交えて話す

大事なところでは、身ぶり、手ぶりを交えて話すと、話し手に注目が集まり、相手が真剣に聞いてくれるので、話しやすくなります。

④ 身ぶり、手ぶりで伝える練習

①4、5人のグループになります。
②ゴリラ・ウサギ・モルモットなどの動物名を書いたカードを用意します。
③ひとり1枚ずつ引きます。
④自分の引いたカードの動物を表情や身ぶり、手ぶりで表現します。
⑤ほかの人にどんな動物か当ててもらいます。

116 言いにくいことを言う

人の考えは、十人十色です。同じ意見だと思っても、よく話を聞いてみると、少しずつちがっていたりするものです。ですから、話し合いで意見が対立するのは当然です。その結果、言いにくいことを言わなければならない場面も出てきます。

言いにくいことも言い合える関係を築いておくこと、そしてその言い方を工夫することが大切です。

1 日ごろからいい関係を築いておく

相手の意見に反対したり、行動を批判したりしたことが原因で、仲たがいしてしまうことがあります。日ごろから仲よくし、いい関係を築いておくことが一番大切です。

2 相手の意見を確認してから自分の意見を述べる

ヒロコさんの意見は、□□ということだね

でも、わたしは、××の方がいいと思うんだ

わたしの考えはわかってくれているみたい…

相手の意見を確認してから自分の意見を述べると、一方的に否定したという感じがなくなり、相手は冷静に聞いてくれます。

ときは工夫してみよう

ヒント

言いにくいことも言い合うのは、たがいの意見や人間性を否定するのが目的ではなく、たがいを理解し合ってよりよい結論を求めるためであるということを意識します。そのために、自分なりの考えを論理的に述べる力を意識的に高めることが大切です。

3 反対の気持ちではなく理由を述べる

■反対の気持ちだけを述べる言い方

気に入らないという気持ちだけで相手の意見に反対しています。相手は自分を否定されたと感じ、感情的に反発します。

■反対する理由を述べる言い方

反対する理由をはっきり述べています。相手は自分を否定されたとは感じず、感情的にならずに話し合いをすることができます。

117 悩みを打ち明けよう

だれでも悩みを抱えることがあります。だれかに悩みを聞いてもらい、相談にのってもらうことができたら、気持ちが楽になったり、ときには悩みそのものが解消したりもします。

しかし、自分の悩みを打ち明けるのはとても勇気のいることです。悩みを打ち明ける相手、手段、場所、方法などを工夫することで、悩みを相談する勇気が出てきます。

1 悩みによって相談相手を変える

友だちとけんかしてしまった、太めの体型が気になる、サッカークラブでレギュラーになれない、仲間はずれにされるなど、悩みの原因や内容、深刻さはさまざまです。悩みの内容から、だれに相談したらよいか考えます。

2 静かな場所で相談しよう

静かな場所、自然の景色が見える場所などで相談すると、落ち着いてゆっくり話すことができ、緊張がとけ、悩みを打ち明けやすくなります。

ヒント　　自分の悩みをだれかに打ち明けるというのはとても勇気のいることです。自分の弱みを相手に見せることになるからです。相手が信頼できる人なら、思い切って悩みを打ち明けてみましょう。

3 まずは悩んでいることを声に出して伝える

あのね。わたし、今悩んでることがあるんだ

何？

悩みがあるからこそ、なかなか思っていることを相手に伝えることはできません。まずは声に出して、悩みがあることを相手に伝えます。

4 メールや手紙も利用する

手紙やメールで相談すると、悩みの内容とそれに対する自分の希望や気持ちなどを客観的に整理することができます。その後、直接会って相談すると、自分の悩みをさらにうまく伝えることができます。

118 やり取りがはずむ

話し合いを活発にするためには、まず、相手の話を聞くことが大切です。ただ聞いているだけでなく、しっかり聞いていることを伝えたり、相手の言いたいことを推測して、引き出す工夫をしたり、相手の意見を取り入れて新しい意見をつくり上げたりする聞き方が効果的です。また、相手とはちがう視点から自分の意見を言うと話がはずみます。話し合いの前に、内容について調べておくのもよい工夫です。

1 日ごろからおもしろい話を仕入れておく

日ごろからいろいろと調べ、おもしろい話題、感心してしまう話題などを見つけておき、機会をとらえて話すと、聞き手の興味を引きつけることができ、話を盛り上げることができます。

2 相手の話を引き出す工夫をする

「なるほど」「そうなんだ」などと、話をしっかり聞いていることを示したり、「どうしてそう思ったの」「それでどうしたの」などと質問したりすると、相手の伝えたいことを引き出すことができます。

工夫をしよう

ヒント

「やり取りをはずませる」ためには、まず自分の意見を持つことが必要です。さらに、相手の伝えたいことを想像して、それを意図的に引き出したり、相手の意見のよさを認めてそれを生かす姿勢を持ちます。グループでの話し合いでは、やり取りがはずむように配慮する進行役にも挑戦してみましょう。

3 異なる視点からの意見や体験談を出す

少しちがうこと考えたのだけど、わたしの体験から言うとね

みんなで話し合っているとき、ちがう視点から意見を出したり、自分の体験を紹介したりすると、話がはずみます。

4 盛り上げ役になる

ショウコさん、たしか前に自由研究でホタルのこと発表してたよね。どう思う？

みんなで話し合うときには、参加者の全員が話すと話がはずみます。あまり話せない人がいたら、盛り上げ役の人がさりげなく話題を振り、意見や体験を話すように機会をつくります。

119 「少し考えさせてください」

突然発言を求められたり、自分の考えがまだまとまっていないときに意見を述べるようにうながされたりすると、どうしてよいのかとまどってしまいます。そんなときは、反射的に「わからない」と答えてしまうのではなく、自分の考えをまとめるための時間をもらうと、説得力のある意見を述べることができるようになります。

1 シンキングタイムを取る

話し合いをする際、意見を求める前に、司会がシンキングタイムを取ります。だらけた雰囲気にならないように、シンキングタイムは1、2分間にします。短い時間でも、落ち着いて自分の考えをまとめることができます。

2 発言した人の考えを聞いて意見をまとめる

発言の順番をあらかじめ決めておくのではなく、考えがまとまった人から発言するようにします。友だちの意見やコメントを聞き、メモを取りながら、自分の考えに近いものから自分の意見をまとめてみましょう。

「時間をください」も立派な対話

ヒント　おたがいに意見をきちんと受け止めて真摯に対応するためには、時間がかかることがあります。「考える時間をください」と相手に求めることは、真摯に対応しようとする態度の表れです。すぐに意見を言えないことは、決してはずかしいことではないのです。

３ 自分の考えや立場を図に表す

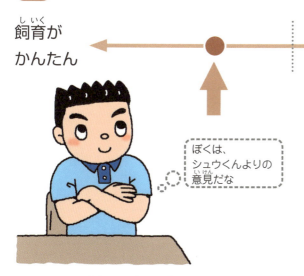

ことばで考えても、どのようにまとめてよいのかわからないときがあります。先に発言した友だちの意見をメモし、自分の考えや立場がどのあたりにあるのか図に表してみると、新しいアイデアが頭に浮かび、友だちの意見につけ足して発言することができます。

４ 意見を保留する

意見がまとまらず、すぐに発言できないときには意見を保留します。保留するときには、必ず「少し考えさせてください」または「時間をください」と言います。

120 わかってもらえなかっ

自分の考えや思いを相手に正確に伝えることは、案外むずかしいものです。筋道を立てて、説明する必要がありますし、同じことを言っても相手によって受け取り方がちがうこともあるからです。

一度でわかってもらえなくてもあきらめてはいけません。わかってもらえるように言い方を工夫して、もう一度伝えてみることが大切です。

1 結論を先に言い直す

結論（自分が一番伝えたいこと）を先に言うと、伝えたいことが相手にはっきりと伝わります。

2 具体的な体験を盛り込んで話す

話し手の体験を話すと、具体性と説得力が増すので、相手にわかってもらいやすくなります。

たらもう一度言い直そう

一度話して相手にわかってもらえないと、そこであきらめてしまいがちです。しかし、それでは対話する力は身につきません。わかってもらえるように、話し方を工夫したり、どこがわからないのか相手に確かめたりします。そして、もう一度話すと、相手にわかってもらいやすくなります。

③ 順序がわかるようにして言い直す

- まず、〇〇〇〇です
- つぎに、△△△△になるので
- さいごは□□□□のようになります

よくわかった。順番に言ってくれるとわかりやすいな

話の流れを整理しながら話すと、相手に伝わりやすくなります。

④ どこがわからないか確認してもう一度話す

- わたしの話、どこかわかりづらいところあった？
- そうか。ごめんね、つまり……
- えっとね、サトコさんがどうしてそう思ったのかがよくわからなかったんだ

相手によく伝わっていなさそうだと感じたら、どこかわからなかったところはないか、聞いてみましょう。

121 友だちからの質問や

人から質問されたり、反対されたりすれば、だれでも緊張します。しかし、質問されたり反対されたりすることは、自分の考えをより確かなものにしていくためのよい機会です。

質問や反対意見にうまく答え、自分の考えを相手にわかってもらうためには訓練が必要です。相手の質問や反対意見に対する心構え、うまく答えられないときの対処法、また、質問や反対意見に強くなるためのトレーニングをします。

1 どんな質問も前向きに受け取る

質問されるということは、相手が興味を持って聞いてくれている証拠です。まずは相手に感謝し、前向きに受け取り、質問に耳を傾けます。

2 相手の質問の意図を考える

相手がどこに疑問を感じているのかを考えます。そして、自分の意見を見直し、質問に対する答えを見つけます。

反対意見に答えよう

> **ヒント**
> 質問や反対意見を通して、いろいろな人の考えを聞いて取り入れることで、自分の考えをよりよいものに変えていくことができます。自分とは異なった意見や反対意見に反発せず、むしろそうした意見を生かす方法を身につけます。

3 質問を事前に予想しておく

あらかじめ、「こんな質問がきたらこう答えよう」「こんな反対意見を言われたら、こう切り返そう」と予想し、自分の意見を準備しておくと安心です。

4 うまく答えられないときは考える時間をもらう

質問や反対意見に対する答えがすぐに思い浮かばないときがあります。その場で答える必要はありません。あせらずに「考える時間が欲しい」と言います。

賛成・反対に意見を

友だちの意見に賛成、あるいは反対を表明するだけでも立派な意見です。ただし、賛成（反対）表明するだけでは、十分に自分の考えが伝わりませんし、賛成する（反対する）理由や、「つけ足しの意見」を言えると話し合いに広がりや深まりがでてきます。人の意見をよく聞いたり、新たな視点から考えたりして、自分の意見をつけ足すのもよい方法です。

1 自分の意見と照らし合わせながら人の意見を聞こう

自分はどうして賛成（反対）なのか、自分とどこが同じ意見で、どこが違うのかを考えながら人の意見を聞きます。

2 賛成・反対の意見に理由をつけ足そう

賛成・反対と言うだけでなく、なぜ賛成（反対）なのか理由を述べます。

事前に考えを表すサインを決めておき、自分がどう考えたのかをそのサインで示せるようにしておくと、多くの人が話し合いに参加しやすくなります。

つけ足そう

ヒント

話すことが苦手な子にとっては、賛成か、反対かを表明することも大事な自己表現のひとつです。話し合いの中で、賛成・反対の意見を表明する機会を設けます。また、つけ足しの意見を言えた子はみんなでほめることで、だれもが安心して「つけ足しの意見」を言えるようになっていきます。

3 意見をつけ足そう

アキコさんの意見にほとんど賛成です。でもちょっとつけ足すと、△△△△です

人の意見とのちょっとした違いも、自分の大切な意見です。ここが違うなと思ったら、自分のことばでつけ足しましょう。

4 意見は途中で変わってもかまわない

今まで○○だと思っていましたが、シュウくんの意見がとてもいいと思いました。
なぜなら、△△だからです

話し合いの中で、自分の意見が変わってもかまいません。意見を変えた理由を言えると、さらに議論が深まります。

123 意見の対立を解決する

　友だちと意見がうまく一致することもあれば、ぶつかることもあります。意見がぶつかったとき、あきらめて相手の意見にしたがったり、反対に自分の意見を一方的に押しつけたりしがちです。

　しかし、それでは話し合いをする価値がありません。意見がぶつかったときこそ、それを乗り越えて、新しい考えを生み出そうと努力することが必要です。

1 条件つきで同意する

■休み時間の教室の使い方

わたしは本を読みたいので、休み時間には静かにしていてほしいです

休み時間なんだから、教室で何をしても自由だと思います

提案ですが、走り回ったり、ボール投げしたり、危険なことをしなければ、自由に過ごしていいと思います

「○○すれば」「○○しなければ」という条件をつけることで、相手の意見に同意できないか考えます。

2 部分的に同意する

■学級文庫の持ち出し

家に持って帰るとなくしたり、やぶれたりするから、持ち出しは禁止するべきだと思います

教室だけでは読める時間が限られているので、雑誌だけはよいことにしたらどうかと思います

意見の対立を完全には解消できなくても、部分的に合意するという方法があります。

方法を身につけよう

> **ヒント** 人との意見対立はできれば避けたいとだれもが思います。しかし、生活する中で人と意見が対立するのは避けられません。対立から新たなものや考え方が生まれることもあります。対立をチャンスととらえ、それを解消する方法を身につけます。

３ 発想を変える

■バザーの売り上げの使い道

バザーの売り上げが思った以上にありましたので、使い道を考えたいと思います

わたしは、○○○○を買えばいいと思います

ぼくは、□□□□がいいと思います

わたしは、△△△△がいいと思います

発想を変えて、全額寄付してしまったらどうでしょうか？

なるほど

それぞれ希望を出し合ってまとまらないときには、発想を変えてみると解決できることがあります。

４ 段階的に解決する

■汚れた川をきれいにする方法

汚れた川をきれいにする方法を考えてください

●段階的に解決できないか考えると…
第１段階 汚れた水を川に流さないように呼びかける
第２段階 みんなで川そうじをする
第３段階 市長さんに呼びかけて下水処理施設をつくってもらう

汚れた水を川に流さないように呼びかければよいと思います

月２回、みんなで川そうじをすればよいと思います

川そうじはよい考えだと思いますが、最終的には下水処理施設をつくる必要があると思います

問題が複雑な場合は、一度に解決することがむずかしくなります。一見するとおたがいが対立しているように感じることがあります。そんなときは、段階的に解決できないか考えます。すると、それぞれの意見が、段階ごとの解決策になっていることがわかります。

124 意見を否定されたとき

話し合いでは、自分の意見がかんたんに否定されてしまうことがあります。言いたいことが相手に正しく伝わっていないと感じたときや、自分の意見が理解されていないと感じたとき、また、理由もなく感情だけで否定されていると感じたときは、冷静かつ論理的に、場合によっては視点や論拠を変えて、もう一度自分の意見を述べて相手を説得してみます。

1 体験をもとに話す

自分が体験したこと、映像で見たり知人に聞いたりしたことを根拠にして意見を述べると、相手はその意見を受け入れてくれやすくなります。

2 相手の意見に再反論する

相手が理由を示して否定するときには、その理由に対して反対意見を述べます。

はもう一度説得しよう

ヒント

自分の意見を否定されると、自信がなくなってしまいます。それ以上反論する気持ちがなくなり、そのまま引き下がってしまいがちです。しかし大切なことは、相手にわかってもらうことのむずかしさを覚悟しつつ、粘り強く、そうして少しでも自分の伝えたいことを伝える工夫をしていくことです。

3 相手を受け入れて別の理由を示す

- 地球温暖化防止のために、二酸化炭素を出さない太陽光発電や風力発電を増やすべきだと思う
- 太陽光発電や風力発電は、発電量が天候や時刻に左右されるからあまり役立たないと思う
- たしかにショウコさんの言うとおりだと思う。でも、太陽の光や風は、いくら使ってもなくならないから、太陽光発電や風力発電を増やさない手はないと思うよ

相手の反対意見を一度受け入れ、自分の意見のよさを理解してもらうために、別の理由を示します。

4 自分の意見の背景を説明する

- わたしは、これからは、太陽光発電や風力発電を増やすべきだと思う
- 太陽光発電や風力発電は、発電量が天候や時刻に左右されるからあまり役立たないと思う
- いずれなくなってしまう化石燃料に代わるエネルギーとして、太陽光発電や風力発電が必要だと思うんだ

自分がどうしてそうした意見を持っているのか、背景を説明して、自分の意見の正しさを説明します。

対立する意見から

意見が対立して、話し合いがまとまらないことがあります。そんなときは、自分の意見にこだわりつづけるのではなく、おたがいの意見をもう一度整理して、話し合いの目的にそって意見をまとめることが必要です。それでも意見が対立するようならば、譲歩したり、新しい意見を出したりします。ここでは、意見対立を解決する方法を学びます。

1 意見のよいところ・問題点を考えよう

意見を出し合い、それぞれの意見のよいところ・問題点を考えます。その際、出された意見が話し合いの目的にかなっているかどうかをチェックします。

2 同時に生かせないか考えよう

対立する意見を同時に生かす方法はないか考えてみましょう。なぜ同時に生かせるのか理由もしっかり話します。

新しい意見を生み出そう

ヒント

意見が対立したとき、相手の気持ちに配慮しすぎて自分の思いを抑え、相手の意見に合わせてしまっては、ほんとうの意味でわかり合える関係とは言えません。意見が対立したときこそ、新たな解決策や価値観、知恵などを生み出すチャンスです。

③ 意見を受け入れる条件を考えてみよう

条件をつければ相手の意見を受け入れられないか考えてみます。ただし、自分の気持ちをむりに抑えていないか、ほんとうに受け入れられる意見か考えてみましょう。

④ 新しい意見をつくり出そう

意見対立がつづき、どちらの意見も受け入れられない場合には、おたがいの意見のよいところを同時に満たし、みんなが受け入れられる新しい意見を考えます。

話し合いを整理して

話し合いでは、それぞれの意見を活発に出し合うことが大切です。ところが、そうして話し合いを進めるうちに、議論が混乱してしまうことがあります。

混乱したときこそ、新しい知恵が生まれる可能性が高くなります。混乱は、多様な視点から意見が出されている証拠だからです。混乱を整理し、話し合いをまとめるコツを学びます。

1 話し合いの目的を確認する

「今日は、クラスで飼育する生き物は何がよいかについて話し合います」

「いろいろな意見が出ました。もう一度、話し合いのテーマを確認して、それぞれの意見を見直しましょう」

「ああ、そうだった」

話し合いの前に、何のために（目的）、何について（課題）話し合うのかを確認します。

話し合いが混乱してきたら、もう一度、その日のテーマをみんなで明確に意識します。

2 意見を分類・整理する

■クラスで飼育する生き物を決める

【1グループ】魚類
・さかな
・メダカ
・金魚
・ブラックバス
・フナ

【2グループ】爬虫類
・カメ
・ヤモリ
・トカゲ

【3グループ】大きな動物
・イヌ
・ネコ
・ニワトリ
・ヒツジ
・ブタ
・インコ

【4グループ】クラスで飼育するのはむずかしいもの
・ゴジラ
・クマ
・ゾウ
・恐竜
・キリン
・ウマ

まとめよう

ヒント

解決策をさぐるためには、自分の考えにとらわれず、相手の話をよく聞く、固定観念や先入観などの思い込みを持たないようにすることが大切です。また、納得できたら相手の考えのよさを認める柔軟性も必要です。論議していてまとまらないときに、時間をとったり、別の角度からの解決策を模索することも大切です。

3 それぞれの意見のよさや特徴をさがし合う

それぞれの意見のよいところは何でしょうか

1グループのよいところは、飼育が比較的かんたんなところだと思います

わたしは直接さわったり抱いたりできる動物がいいな。魚だとさわれなくていやだな

魚は飼いたくないけど、たしかに飼育はかんたんなほうがいいな

それぞれの意見のよいところをさがすことで、よりよい答えに近づきます。それぞれの意見のよいところを認め合うことが大切です。

4 意見を生かす工夫をする

意見を修正する	魚類→よいところは飼育がかんたんなところ→飼育がかんたんな動物
複数の意見を合わせる	爬虫類＋大きな動物＝直接さわれる動物
意見をもとに新たな意見を考える	飼育がかんたんで、みんなが直接さわれる動物

よいところを生かしながら修正したり、複数の意見をまとめたりしながら、新しい答えがないか考えます。するとみんなが納得のいく答えに近づきます。

127 アイスブレーキングで

初対面の人とうちとけるためには、相手の名前を覚え、その人がどんな人なのか知る必要があります。さらに、何かを協力してすることで、その人に対する親しみが増します。

ここでは、初対面の人とうちとけるための、ゲーム感覚で楽しめるアイスブレーキングという手法を紹介します。

1 相手を知る

■聞き取りカード

名　前	
好きな食べ物	
好きな動物	
得意なこと	

聞き取りカードを持って部屋の中を自由に歩き、出会った人の名前、好きな食べ物、好きな動物、得意なことを質問してカードに書き込みます。

2 わたしはだれでしょうクイズ

■プロフィールカード

好きな教科	
好きな食べ物	
得意なこと	

①カードの表に自分のプロフィールを書きます（好きな教科、好きな食べ物、得意なことなど）。

②カードの裏側に自分の名前を書きます。

③みんなのカードを回収して混ぜます。

④選んだカードのプロフィールを読み上げ、だれなのかを当てます。

初対面の人とうちとけよう

ヒント コミュニケーションが苦手な子に必要なのは、自分を知ってもらう→相手を知る→共通点を見つけて親しくなる→もっと仲よくなりたいという気持ちになる、という体験の継続です。そうした体験をゲーム感覚でできるのがアイスブレーキングです。

3 ジェスチャーで物語当てゲーム

浦島太郎

● 第1の場面　大きなカメ／カメをいじめている子どもたち／通りかかる太郎

● 第2の場面　竜宮城のようす／踊る魚たち／見ている乙姫さまと太郎

● 第3場面　玉手箱をあけている太郎
　　　　　　木が生えている海岸

■ やり方
① 3～5人程度のグループをつくります。

② だれでも知っている物語を選びます。

③ 物語の中から有名な場面を3つ選びます。

④ 3つの場面をグループ全員でポーズで表現します。写真のように静止して動いてはいけません。

⑤ まわりの人はジェスチャーを見て、何の物語かを当てます。

128 ネイチャーゲームで

対話は、机に向かって習得するものではなく、自然なやりとりから必要に応じて生まれるものです。そこで、いろいろなネイチャーゲームに挑戦しましょう。自然体験を通して五感をはたらかせることで、当たり前だと思っていたことが新鮮に見えるようになり、自然のよさをわかち合うことで、自然と対話を楽しむことができます。

1 わたしはだれでしょう

■やり方
①それぞれの背中に動物カードをつけます（本人にはわからないように）。
②友だちに背中のカードを見せて1つ質問をします。
③おたがいに質問をしたら、相手をかえて多くの人に質問をします。
④背中のカードの動物がわかったら、判定者に確認し、正解なら動物カードを胸の前につけかえます。

はじめて話す人とでも、質問を通じて対話のきっかけをつくることができ、質問することの楽しさを体験することができます。

自発的な対話を楽しもう

ヒント
すでに仲のよい友だちとだけではなく、普段はあまり話したことがない人ともグループを組んでみましょう。「そういう考えがあったんだ」と友だちの新たな考えに気づいたり、いっしょに喜びや楽しさをわかち合うことができます。フィールドを選び、安全に注意して行ないます。

2 木のセリフ

■やり方
① 木や植物を観察し、気に入ったところを見つけます。
② 吹き出しカードにその木や植物の気持ちになってコメントを書きます。
③ 吹き出しカードを気に入ったところにはりつけて友だちに紹介します。

おたがいの木の気持ちを考えてあげることで、自然な対話をすることができます。友だちが考えたセリフのよさを伝えてあげるといいでしょう。

129 プロジェクトアドベンチャー

みんなでどきどきするような体験をすると、おたがいに自然と協力し合うことができます。体験を通じて、協力するには対話が必要なこと、対話をすると心を通じ合わせることができること、そして、対話によって問題を解決しやすくなることなどを実感できます。手軽にできるかんたんな活動を紹介しました。クラスなどでチャレンジしてみましょう。

1 電柱でござる

■やり方
① 2つのグループに分かれ、丸太の両側に立ちます。
② ひとりずつ、同時に反対側の端に移動します。
③ 声をかけ合って、相手のグループの人とうまくすれちがいます。

・できるだけ早くすれちがう方法を話し合います。
・みんなで声をかけ合って協力することがとても大切なポイントです。
・校庭にある丸太棒や平均台を使ってできる活動です。

2 フラフープ

■やり方
① みんなで手をつないで、ひとつの輪をつくります。
② うでにひとつのフラフープを通し、手をつないだままでできるだけ早くフラフープを一周させます。
③ どうしたら早くフラフープを一周させられるか話し合いをします。
④ もう一度、くり返します。

で対話の重要性を体験しよう

ヒント　ここに紹介したのは「プロジェクトアドベンチャー」という人間関係の改善を目指したプログラムです。楽しみながら課題をクリアしていく過程で、必然的にコミュニケーションが生まれます。コミュニケーションを取りながらみんなで課題をクリアすることで、話すことに自信が持てるようになります。

③ エブリボディアップ

■やり方
① 足をのばして座り、となりの人と足の裏をくっつけます。
② となりの人と腕を引っ張り合って、みんなでいっせいに立ち上がります。
③ さいしょは2人ではじめます。
④ 成功したら3人で挑戦します。
⑤ さらに成功したら4人、5人と、人数を増やしていきます。
⑥ どうしたらうまくいくか、みんなで話し合います。

相手を信じて力を入れないと立ち上がることができません。30人ぐらいの大人数でも立ち上がることができます。

④ トラストフォール

■やり方
① 7〜9人1組になります。
② ひとりはステージなどの台上に立って後ろを向きます。
③ 残りの人は台の前に2列で並び、内側を向いて前の人と手をしっかりと組みます。
④ 台上の人は、台下の人が組んだ腕の上に、後ろ向きのまま倒れ込みます。
⑤ 台下の人は手を組んだままその人を受け止めます。
⑥ 倒れ込む人を変えて、順番に体験します。

みんながおたがいを信じていないとできません。声をかけ合いながらおたがいに勇気づけ、信頼を高めることが重要です。危険が伴うので、必ず大人がつきそいます。勇気を出して倒れ込むことができたらみんなでたたえます。

130 ことばを使わない

　ことばを使わなくても、人は自分の伝えたいことを相手に伝えることができます。表情、視線、手の動き、相手との距離、時間の長短などを工夫して、考えや気持ちを効果的に伝える「ことばを使わないコミュニケーション」の方法を身につけましょう。

1 たくさんの友だちと握手をする

相手の目を見ながら、仲よくなろうという気持ちを込め、にこやかな表情で握手をしましょう。

2 表情や体の動きで気持ちを伝える

●うれしい　　●悲しい　　●怒っている

　グループに分かれ、順番にジェスチャーで気持ちを表現し、どんな気持ちを表しているか、当て合います。ジェスチャーした人の表現方法のよいところを見つけます。

コミュニケーション

ヒント　非言語コミュニケーション力は、少しの工夫で高めることができます。さまざまな手法を実際に体験しておくとよいでしょう。また、非言語コミュニケーションが上手な人のまねをするのもよい方法です。たとえば、スピーチや対話の上手な人の体の使い方や間の取り方などを映像資料で見るのはとても効果的です。

3 間や距離の効果的な活用方法を知る

音読やスピーチ、話をするときに、少し間を取るとわかりやすくなります。また、大切なことを話すときにも、その前に間を取ると、聞き手の注意を向けることができます。

どんなときに、どのくらい相手との距離を取ると、話しやすく、気持ちが伝わりやすいか、いろいろ試してみましょう。

4 ことばを使わずに生まれた月日の順に並ぶ

ことばを使わずに、ジェスチャーだけでクラス全員が生まれた月日の順に並んでみましょう。並び終えたら、ひとりひとりが生まれた月日を言って、合っているかどうか確認します。ことばを使わなくても意図を伝えることができることがわかります。

131 スピーチに挑戦しよう

　スピーチは、自分の考えや思いを伝え、自分自身のことを知ってもらうよい機会です。スピーチするときは、どんな人でも失敗することをおそれ、緊張してしまいますが、うまくスピーチできたことを想像しながら練習しましょう。スピーチが上手にできるようになれば、人前で話すことに自信がつきます。また、伝えたいことを整理して、相手に話す力を身につけることができます。

1 スピーチのテーマを決める

■やり方
①スピーチのお題を考え、紙に書きます。
②紙を折りたたんで箱に入れます。
③スピーチする人は、箱から1枚引き、テーマにそったスピーチを準備します。
④翌日、みんなの前でスピーチします。

●スピーチに適したテーマ
・わたしの得意なこと
・わたしの大切なものや人のこと
・ニュースを見て思ったこと
・土日にあったできごと
・自分の名前の由来
・○○のつくり方、○○のやり方
・行ってみたい国・場所

2 スピーチの原稿を書く

①	もっとも主張したいことを書く
②	その理由や事例を挙げる
③	資料の効果的な使用個所を考え、原稿にメモする
④	最後にもう一度主張を書く

　テーマを決めたら、スピーチの原稿を書きます。言いたいことが聞き手にはっきりと伝わるように工夫します。もっとも主張したいことを最初に言い、最後にもう一度主張を述べると、大切なポイントが聞き手に伝わります。用意した資料はどこでどのように使えばもっとも効果的かを考え、原稿にメモします。原稿は実際の話しことばで書きます。

ヒント
　スピーチが上手な人の視線、顔の表情、間の取り方、話すスピードの変化、ことばの使い方などをよく観察し、参考にします。一方的に話すだけでなく、聞き手の反応を確かめながらスピーチすることが大切です。十分に準備し、くり返し練習しておくことが、上手なスピーチのコツです。練習の際に、大人に聞いてもらい、アドバイスをもとめるのもよいでしょう。

3 発声や身ぶり手ぶりを確認しながら原稿を読む

①	はっきりとした大きな声で原稿を読む
②	強調したいところの前後に間を入れる
③	聞き手を想像し、その人に話しかけるように表情、身振り、手振りを交える

　鏡の前に立ち、自分の姿を確認しながら、もっとも相手に伝わる話し方を考えます。声の大きさ、間をとるところ、表情、身ぶり手ぶりなどを原稿に書き入れます。

4 聞き手に質問する

到着するのに何時間かかったと思いますか？

　一方的に話して終わりにするのではなく、おしまいに質問の時間を取りましょう。また、「みなさんもやったことがありますか？」「このあとわたしは、何をしたと思いますか？」など、スピーチの途中で質問すると、聞き手を引き込むことができます。

132 とっておきの話をしよう

初対面の人に話しかけるのは勇気のいることです。でも、何を話してよいかわからずだまったままでいると、だんだん気まずい雰囲気になってしまいます。

そんなときは「とっておきの話」をしてみましょう。相手の興味を引きつけ、会話がはずみ、気まずかった時間があっという間に思いがけない楽しいひとときに変わります。

1 「とっておきの話」とは？

①自分の好きなもの　得意なこと	
②身のまわりで　記憶に残るできごと	
③自然や天気、町の　ようす、景色など	
④本で読んだこと　テレビで見たこと	
⑤友だちなど　人から聞いたこと	

「こんな話をしたら盛り上がった」「話がはずんだ」という話題が「とっておきの話」です。そうした話を収集整理して、わかりやすく話せるようにしておきます。

2 相手が話を継ぐことのできる話題を選ぶ

ネコを飼ってるんだけど、まだ子どもで、こないだ、わたしのベッドの上でおしっこしちゃって。
布団を全部クリーニングに出したり、大変だったんだ

うわー！
部屋はどうなったの？
うちには犬がいて……

あわてたこと、びっくりしたことなど、ハプニング性のある話題というだけでなく、「そういえばわたしも…」と相手が話を継いでいけるような話題が「とっておきの話」です。

ヒント

だれもが「とっておきの話」のもとになる体験をしているはずです。しかし、それに気づくのはなかなかむずかしいことです。友だち同士で体験談を出し合います。友だちの出した体験談の中から、おもしろそうなものを選んでくわしく質問してみます。同じように、友だちから質問されることで、自分にもとっておきの話があることに気づきます。

3 クラスで「とっておきの話」大会をする

■やり方
① 2人1組になって、「とっておきの話」をし合います。
② ＜わはは度＞カードを交換します。
③ べつの人とまた話し、カードを交換します。
④ カードの得点が高かった話は、みんなの前でもう一度します。
⑤ 慣れてきたら「ゆかいな話」「家族の話」など、テーマを決め、テーマにそった「とっておきの話」をします。
⑥ ＜わはは度＞を、話の内容に応じて＜同感度＞＜びっくり度＞などに変えてもかまいません。

＜わはは度＞カード　　　　　　　　　　　　　名前：＿＿＿＿＿＿＿＿＿＿

☆☆☆☆☆☆☆☆☆☆　〈わはは度〉に応じてぬりつぶします

あらすじ　話のあらすじを書きます

わははポイント　どこがおもしろかったか書きます

133 インタビューしよう

初対面の人にインタビューをするのは大変勇気がいるものです。しかし、インタビューは、初対面の人と話す練習になります。インタビューの仕方を紹介します。少し工夫することで、楽しくインタビューすることができます。ひとりだけでなく、数人でグループインタビューするのもよい方法です。

1 インタビューの目的と質問内容を決める

①何のためにインタビューするのか、目的をはっきりさせる

②つぎに、質問項目を思いつくままに出し合う

③質問項目をしぼり、大切なものから順に並べる

インタビューの目的と質問の内容を決めます。これがはっきりしないと、インタビューする相手が決まりません。

2 インタビューする相手を決める

①インタビューの相手を決める

②相手に連絡を取り、インタビューの目的を説明する

③相手の都合を聞いて、インタビューの日時、場所を決める

調べたい内容についてわかりやすく答えてくれ、自分たちでもインタビューをお願いできそうな人を選びます。

> **ヒント** あらかじめ用意しておいた項目以外にも、つぎつぎと質問したいことが出てくるなど臨機応変に対応できたなら、よいインタビューができた証拠です。インタビューが終わったら、感謝の気持ちを伝えましょう。みんなでまとめた結果も発表しましょう。

3 質問があったらどんどん聞く

4 感想をまじえながら聞く

ただ質問するだけでなく、相手の答えに感想を交えながら聞くと、相手は自分の話を理解してくれたと感じ、気持ちよくインタビューに応じてくれます。

134 ブレインストーミング

　話し合いをするとき、一部の人だけが発言し、ほかの人たちはだまって聞いているだけ、ということがよくあります。話すのが苦手な人ほど、発言しづらくなってしまいます。
　そこで、4、5人のグループに分かれて、ブレインストーミングに挑戦してみます。みんなの意見を尊重する雰囲気がつくられ、発言することの楽しさを体験できます。

1 ブレインストーミングのルール

やり方
①4〜5人のグループをつくります。
②進行役を決めます。
③たくさんアイデアを出します。
④全員がアイデアを出します。
⑤人のアイデアを否定しません。

テーマにしたがって思いついたアイデアをどんどん出します。どんなアイデアでもかまいません。発言しやすい雰囲気をつくることがもっとも大切です。

2 発言しやすい雰囲気をつくるコツ

テーマ：学校の節電をどうするか

それ、いいね！

外の光が教室の奥まで届くように、大きな鏡をつけたらどうだろう

みんなで自転車をこいで電気をつければいいんじゃない？

みんな競輪選手になれちゃうねー

うなずきながら聞くと話し手は発言しやすくなります。「なるほど」と思うアイデアには「それいいね」などと言います。けっして相手の意見に反対してはいけません。

を楽しもう

ヒント

ブレインストーミングをすることによって、自分のアイデアを出すことに慣れさせることが目的です。しかし、自分の意見が否定されるかもしれないと思うと、アイデアを出すことはできません。人のアイデアを否定しないというルールを徹底し、自由に話せる雰囲気をつくることが重要です。

3 アイデアを出すコツ

- 事前にいくつか自分のアイデアをまとめておく
- 人のアイデアをヒントに連想する
- 人が出したアイデアを組み合わせて新しいアイデアができないか考える

進行役は、発言の少ない人に声をかけながら全員に発言してもらいます。発言を引き継ぎ、「同じような意見はありませんか」「ちがう意見はありませんか」などと声をかけると、みんなのアイデアを引き出すことができます。

4 アイデアをまとめる

アイデアは大きめのふせんや紙に書き出します。アイデアが出つくしたら整理し、同じようなアイデア同士でまとめ、そのまとまりにタイトルをつけて、ほかのアイデアのまとまりと比較しながら一番よいアイデアを選びます。

135 アイデアをランキング

ブレインストーミングで発言することに慣れたら、ランキングと呼ばれる方法を使って、出されたアイデアの中からもっともよいと思われるものを選びます。ランキングとは、順位づけという意味です。みんなといっしょにアイデアに順位づけすることを通して、ひとりひとりのものの見方や考え方のちがいがよくわかり、また話し合いによって、みんなでランキングをつくり上げることで対話する力が身についてきます。

1 ランキングするテーマを決める

〈例〉生きていくうえで大切なものについて、9個の内容を決める。

①自由	②友だち	③お金	④学習	⑤家族
⑥趣味	⑦時間	⑧夢	⑨健康	

テーマを決め、そのテーマにとって大切なものについてキーワードを出し合います。

2 ひとりでランキングをつくる

やっぱり、仕事をしていればお金が手に入るから、お金より、仕事が大事。家族がいないと、仕事をしていてもやりがいがないと思うから……

	内容	理由
1		
2		
3		
4		
5		
6		
7		
8		
9		

まず、ひとりでランキングします。順位づけの理由を明確にして、友だちに説明できるようにします。

しよう

> 重要性、実現可能性などの視点からどのアイデアが一番よいか考えます。人によって価値観や考え方がちがいます。話し合いによって、みんなが納得できる順位づけをする方法を身につけましょう。

3 みんなでランキングする

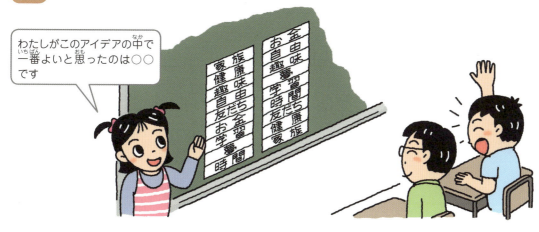

各自ランキングの結果を理由とともに発表し合い、みんなで話し合いながら、最終的なランキングを決めます。

4 順位づけができないとき

どれも重要に思えて順位づけすることができない場合には、ランキング用紙をダイヤモンドの形に並べて考えてみます。一番重要なものと一番重要でないものを最初に決めて、順に、2番目以降を決めていくとランキングしやすくなります。

136 グループ プレゼン

グループプレゼンテーションに挑戦しましょう。グループプレゼンテーションとは、みんなで意見を出し合いながらテーマについて調べ、その結果をまとめ、グループとして考えたこと、気づいたこと、提案したいことなどを報告する活動です。

みんながおたがいに自由に語り合い、勇気を出して自分のアイデアを出し合うとよいプレゼンテーションができます。

1 どんなことを調べたらよいか、話し合って決める

必ず全員に発言してもらい、できるだけいろいろな角度から調べたいことを出し合います。

2 調査する

インタビューの方法やマナーなどを事前に確かめます。また、調査によって新たな課題が出たら、それも調べておきます。グループのメンバーそれぞれの得意なことを生かすと、ひとりひとりの意欲が高まり、調査活動が活発になって、深まりのある内容になります。

テーションをしてみよう

ヒント

グループプレゼンテーションを通して、対話力をはぐくむことが目的です。自由に話せる雰囲気をつくりましょう。調べたことを報告するだけでなく、気づいたことや、提案したいことなども発表すると、質の高いプレゼンテーションになり、達成感が高まります。

③ 発表の内容、話し手の順番を決め、リハーサルする

ぼくたちは、ちょっとした段差なんて気にならないけど、お年寄りはそういうところで転びやすいんだって。
これはきっと聞いている人が興味を持つと思うからぜひ発表しようよ

■やり方
① 調べたことから聞き手が興味を持ちそうな内容を選びます。
② 続きを聞きたいと思ってもらえるような順番に並べます。
③ 発表者の順番を決めます。
④ リハーサルを繰り返し、みんなで意見を出し合いながら、発表の内容や方法の問題点を直します。
⑤ 発表に自信がない子がいたら、みんなで励ましたりアドバイスしたりします。

④ 発表・報告をする

●プレゼンテーション時に気をつけること
① 短いことばではっきりと話します。
② みんなで協力してプレゼンテーションします。
③ 気づいたことや、提案したいことは、はっきり伝えます。
④ 質問や意見を出してもらい、自分たちの回答もきちんと発表します。
⑤ できるだけ原稿を見ないで、相手に語りかけるように話します。
⑥ 決められた時間は守ります。

執筆者紹介

1 話す力 編

高取しづか（たかとり・しづか）（http://www.takatori-shizuka.com/）
NPO法人 JAM ネットワーク代表。「ことばキャンプ」主宰。
消費者問題・子育て雑誌の記者として活躍後、1998年渡米。アメリカで出会った友人と JAM ネットワークを立ち上げた。「子どもの自立トレーニング」をテーマに新聞・雑誌・本の執筆や、各地で講演活動を行なっている。神奈川県の子育て支援の委員を務め、子育てや教育の現場で支援にあたっている。

NPO法人 JAM ネットワーク（http://www.jam-network.org/）
JAM は、Japanese & American Mothers の頭文字をとったもの。日本とアメリカの親、子ども、教師のネットワーク。2002年、アメリカでの取材をベースに、日本の実情にあったコミュニケーションスキルのトレーニング法を提案。大きな反響を呼ぶ。2003年10月、子どもとその親、教師のコミュニケーションスキルの育成を目的に NPO 法人化。親子や教育関係者を対象に、講演会・ワークショップの開催を全国各地で行なっている。

[主な著書]
『わかっちゃいるけどほめられない！―脳を育てる「ほめる表現力」』（宝島社、2004年）、『頭のいい子が育つ親が言っていいこと悪いこと―子どもを伸ばす話し方・心得・タイミング・テクニック 20』（宝島社、2006年）、『イラスト版持ちの伝え方―コミュニケーションに自信がつく 44 のトレーニング』（合同出版、2007年）、『子どもが変わる「じぶんルール」の育て方／全 3 巻』（合同出版、2008年）、『コミニュケーション力を育てる実践ことばキャンプ』（主婦の友社、2012年）、『ことばキャンプ／全 5 巻』（合同出版、2014年）

●協力者（敬称略）
入江京子／大和都／菅沢京子／獅子倉雅子／粟澤哲也／粟澤稚富美／粟澤美穂子／粟澤祐太郎／大和拓海／大和陽／獅子倉杏奈／獅子倉華奈／菅沢マリエ／高取さおり／高取麻弓／藤原しのぶ／松田充恵／米盛賢治

2 聞く力 編

●監修者
有元秀文（ありもと・ひでふみ）
元国立教育政策研究所教育課程研究センター総括研究官。NPO 法人日本ブッククラブ協会理事長。
1971年、早稲田大学教育学部卒業後、都立新宿高等学校教諭を務め、文化庁文化部国語課国語調査官を経て国立教育政策研究所へ。総括研究官として 21 年間日本の国語教育、読書教育の研究に従事。2012年3月退官、日本ブッククラブ協会を立ち上げる。本をたくさん読んで書いてディスカッションするブッククラブ・メソッドの開発と普及に力を注いでいる。

[主な著書]
『イラスト版こころのコミュニケーション―子どもとマスターする 49 の話の聞き方・伝え方』（合同出版、2003年）、『必ず「PISA 型読解力」が育つ七つの授業改革―「読解表現力」と「クリティカル・リーディング」を育てる方法』（明治図書、2008年）、『子どもが本好きになる七つの法則　10 才になるまでに、親がしなければならないこと』（主婦の友社、2008年）、『「PISA 型読解力」の弱点を克服する「ブッククラブ」入門』（明治図書、2009年）、『ブッククラブ・メソッドで国語力が驚くほど伸びる！』（合同出版、2011年）、『まともな日本語を教えない勘違いだらけの国語教育』（合同出版、2012年）

輿水かおり（こしみず・かおり）
元東京都教育相談センター・統括指導主事。
1973年広島大学教育学部卒業後、広島市立中学校で 4 年間国語科教諭として勤務。その後、東京都新宿区立小学校、八王子市立小学校で 19 年間の教員生活を経て、1996年、港区教育委員会指導主事、教育相談担当。2001年、東京都教育相談センター勤務。コミュニケーション能力の育成をテーマに臨床的研究を続けている。また、教育相談の立場から、カウンセリングマインドを基盤にした授業のあり方や子育てについて、学校（教員）やＰＴＡ関係（保護者）からの相談や講演依頼に応じている。

●執筆者
飯田美弥子（世田谷区立池之上小学校教諭）／豊田英昭（太田区立入新井第五小学校主幹・学校心理士）／山口明代（江戸川区立宇喜田小学校教諭）／高倉滋子（東村山市立東萩山小学校教諭）／坂口京子（荒川区立第四中学校教諭）

3 話し合う力 編

●監修者
多田孝志（ただ・たかし）
目白大学人間学部長・児童教育学科長・教授。学習スキル研究会代表。
東京学芸大学教育学部卒業、上越教育大学大学院修士課程修了。東京都内の小学校、クウェート日本人学校、ベロオリゾンテ補習授業校、目白学園中学・高等学校、カナダ WEST VANCOUVER SECONDARY SCHOOL 教諭などを経て、現職。
日本学校教育学会前会長、日本国際理解教育学会顧問、東京大学教育学部・立教大学大学院・学習院大学兼任講師。
「教育の真実は現場にある」「あらゆる教育活動は、事実として子どもたちの成長に資するときに意味を持つ」をモットーに、全国の教育実践者、研究者たちとともに、21 世紀の新たな教育の創造を目指した活動に取り組んでいる。

[主な著書]
『学習スキルの考え方と授業づくり―地球時代のコミュニケーション・情報活動・自己啓発力を高める』（編著、教育出版、2002年）、『地球時代の言語表現―聴く・話す・対話力を高める』（東洋館出版社、2003年）、『対話力を育てる―「共創型対話」が拓く地球時代のコミュニケーション』（教育出版、2006年）、『共に創る対話力―グローバル時代の対話指導の考え方と方法』（教育出版、2009年）、『授業で育てる対話力―グローバル時代の「対話型授業」の創造』（教育出版、2011年）

石田好広（いしだ・よしひろ）
足立区立鹿浜第一小学校長。学習スキル研究会会員。
環境カウンセラー、ネイチャーゲーム初級指導員。全国小中学校環境教育研究会副会長・環境教育学会会員。

●編者
学習スキル研究会
小学校から大学までの教師のほか、マスメディア関係者、民間教育関連団体関係者らが参集し、子どもたちのコミュニケーションスキルを高めるための指導法を開発、実践している。

●執筆担当者
原幸子（府中市立府中第二小学校）／磯田りえこ（東大和市立第七小学校）／市野菜穂子（新宿区立落合第六小学校）／白石邦彦（札幌市立清田小学校）／眞瀬敦子（練馬区立富士見台小学校）／浅木麻人（品川区立上神明小学校）／山口修司（安来市立比田小学校）／岸伸太郎（江戸川区立本一色小学校）／西尾恵理子（上越教育大学大学院）／米田典子（氷見市立西部中学校）／山崎里美（氷見市立朝日丘小学校）／吉田祐子（山形市立南山形小学校）／濱内摩耶（足立区立西新井第二小学校）／蒲生純平（足立区立東伊興小学校）／小島雄貴（江戸川区立南小岩第二小学校）／小川匠（足立区立上沼田小学校）／高木等（江東区立北砂小学校）／大熊拓（江戸川区立篠崎小学校）／中山博夫・平野めぐみ（目白大学）／川口修（江東区立第七砂町小学校）／本間美紀（鶴岡市立厚海小学校）／多田亮介（文京区立千駄木小学校）／多田孝志／石田好広

参考文献

M・ピカート／佐野利勝（訳）『沈黙の世界』みすず書房、1964年
鈴木孝夫『閉ざされた言語・日本語の世界』新潮社、1975年
直塚玲子『欧米人が沈黙するとき―異文化間のコミュニケーション』大修館書店、1980年
武満徹・川田順造『音・ことば・人間』岩波書店、1980年
O・F・ボルノー／森田孝・大塚恵一（訳）『問いへの教育―「都市と緑と人間と」ほか10篇』川島書店、1988年
中島義道『「対話」のない社会』ＰＨＰ研究所、1997年
鷲田清一『「聴く」ことの力―臨床哲学試論』阪急コミュニケーションズ、1999年
D・カーネギー／市野安雄（訳）『新装版 カーネギー話し方入門』創元社、2000年
メーナー・シュアー／舩渡佳子（訳）『「考える力のある子」が育つ、シンプルで確実な方法』PHP研究所、2001年
斎藤孝『子どもに伝えたい「三つの力」―生きる力を鍛える』日本放送出版協会、2001年
バルバラ・ベルクハン／瀬野文教（訳）『グサリとくる一言をはね返す心の護身術』草思社、2002年
田近洵一（編著）『子どものコミュニケーション意識―こころ、ことばからかかわり合いをひらく』学文社、2002年
ＪＡＭネットワーク『親子で育てる「じぶん表現力―毎日家族で着実にできるトレーニングブック」』主婦の友社、2002年
多田孝志『地球時代の言語表現―聴く・話す・対話力を高める』東洋館出版社、2003年
ルパート・イールズ＝ホワイト／戸田ちえ子（訳）『コーチングのプロが使っている質問力ノート』ディスカヴァー・トゥエンティワン、2004年
メル・レヴィーン／矢野真千子（訳）『「できる」子どもの育て方』ソフトバンククリエイティブ、2004年
大河原美以『ちゃんと泣ける子に育てよう―親には子どもの感情を育てる義務がある』河出書房新社、2006年
服部英二・鶴見和子『「対話」の文化―言語・宗教・文明』藤原書店、2006年
多田孝志『対話力を育てる―「共創型対話」が拓く地球時代のコミュニケーション』教育出版、2006年
D・ボーム／金井真弓（訳）『ダイアローグ 対立から共生へ、議論から対話へ』英治出版、2007年
遠藤誠治・小川有美『グローバル対話社会』明石書店、2007年
吉田敦彦『ブーバー対話論とホリスティック教育―他者・呼びかけ・応答』勁草書房、2007年
北川達夫・平田オリザ『ニッポンには対話がない―学びとコミュニケーションの再生』三省堂、2008年
多田孝志『共に創る対話力―グローバル時代の対話指導の考え方と方法』教育出版、2009年
S・サヴィニョン／草野ハベル清子・佐藤一嘉・田中春美（訳）『コミュニケーション能力―理論と実践』法政大学出版局、2009年
多田孝志『授業で育てる対話力―グローバル時代の「対話型授業」の創造』教育出版、2011年

装　　幀―守谷義明＋六月舎
イラスト―あらきあいこ（1 話す力 編）
　　　　　タカダカズヤ（2 聞く力 編／3 話し合う力 編）

イラスト版
コミュニケーション図鑑
子どもの「話す力」「聞く力」が
ぐんぐんのびる本

2015年1月25日　第1刷発行
2024年2月20日　第3刷発行

- 編　者　子どもコミュニケーション研究会
- 発行者　坂上　美樹
- 発行所　合同出版株式会社
　　　　　東京都小金井市関野町 1-6-10
　　　　　郵便番号　184-0001
　　　　　電話　042（401）2930
　　　　　振替　00180-9-65422
　　　　　ホームページ　https://www.godo-shuppan.co.jp
- 印刷・製本　株式会社シナノ

■刊行図書リストを無料進呈いたします。
■落丁・乱丁の際はお取り換えいたします。

本書を無断で複写・転訳載することは、法律で認められている場合を除き、
著作権及び出版社の権利の侵害になりますので、その場合にはあらかじめ
小社に許諾を求めてください。
ISBN978-4-7726-1223-4　NDC376　257×182
©Kodomo Communication Kenkyukai, 2015